파이썬으로 텍스트 분석하기

전략커뮤니케이션을 위한 파이썬 텍스트 마이닝

윤태일 이수안 지음

늘봄

이 도서의 국립중앙도서관 출판예정도서목록(CIP)은 서지정보유통지원시스템 홈페이지(http://seoji.nl.go.kr)와 국가자료공동목록시스템(http://www.nl.go.kr/kolisnet)에서 이용하실 수 있습니다.(CIP제어번호: CIP2018041973)

이 책의 소스 코드 및 관련 자료는 https://m.blog.naver.com/hallym_adpr에서 이용하실 수 있습니다.

파이썬으로 텍스트 분석하기 - 전략커뮤니케이션을 위한 파이썬 텍스트 마이닝

지은이 / 윤태일 이수안
펴낸이 / 조유현
편　집 / 이부섭
디자인 / 박민희
펴낸곳 / 늘봄

등록번호 / 제300-1996-106호 1996년 8월 8일
주소 / 서울시 종로구 동숭4길 9 (동숭동 19-2)
전화 / 02)743-7784　　팩스 / 02)743-7078

초판 발행 / 2018년 12월 30일
초판 4쇄 / 2022년 11월 20일

ISBN 978-89-6555-079-2 93000

□ 본 보고서/교재는 과학기술정보통신부 및 정보통신기술진흥센터에서 주관하여 진행한 결과물입니다.(과제번호: 2018000216001100l)
□ 본 보고서/교재의 내용을 전재할 수 없으며, 인용할 때에는 반드시 과학기술정보통신부와 정보통신기술진흥센터의 'SW중심대학'의 결과물이라는 출처를 밝혀야 합니다.

※ 값은 표지에 있습니다.

파이썬으로 텍스트 분석하기

전략커뮤니케이션을 위한 파이썬 텍스트 마이닝

윤태일 이수안 지음

머리말

이른바 4차산업혁명의 파고가 거세지고 코딩교육이 강조되면서 파이썬 프로그래밍에 대한 관심이 높아지고 있다. 파이썬이 다른 언어에 비해서 상대적으로 배우기 쉬울 뿐 아니라 다양한 라이브러리가 오픈소스로 공개되어 있어서 여러 분야에서 폭넓게 활용할 수 있다는 점이 그 이유일 것이다.

파이썬이 폭넓게 활용되는 분야 중 하나가 데이터 분석 분야이다. 통계적 수치와 같은 정형 데이터는 물론 텍스트와 같은 비정형 데이터를 포함한 빅데이터가 급증하면서 데이터 마이닝 기법에서도 파이썬은 강력한 효용성을 자랑한다. 기존에 데이터에 대한 통계분석을 많이 활용하던 사회과학과 경영실무 분야는 물론, 인문학 분야에서도 파이썬을 이용한 텍스트 마이닝에 대해서 주목하기 시작했다.

이렇듯 파이썬을 이용한 텍스트 분석에 관심이 높아지고 있지만 인문사회과학도를 위해 파이썬 텍스트 마이닝을 쉽게 설명한 책은 많지 않다. R이나 파이썬을 활용하여 텍스트 마이닝을 설명한 책은 있지만, 실제로 적용하려면 코딩 및 데이터 분석 책을 사전에 읽고 선행학습을 해서 숙지를 한 후에야 가능하도록 기술되었다. 코딩 및 프로그래밍 언어에 대한 기초가 전혀 없고 통계에 대해서도 잘 모르는 인문사회과학 분야의 초보자가 접근하기에는 너무 어렵게만 보여 오히려 엄

두가 안 나 미리 포기하게 만든다.

인문사회과학 분야에서 파이썬을 활용한 텍스트 분석에 대해 관심이 많음에도 마땅한 책이 없는 현실적 수요에 부응하기 위해 이 책을 집필하게 되었다. 이 책을 집필하면서 특히 염두에 둔 사항은 파이썬 텍스트 마이닝을 하려 할 때 실질적으로 이 한 권으로 가능하도록 하자는 것이다. 기존의 텍스트 마이닝 책들은 파이썬 등 코딩에 대한 기초, 통계분석 기초, 데이터 크롤링 및 자연어 처리 부분에 대해서 별도의 선행학습을 전제로 구성되었다.

이 책에서는 파이썬 텍스트 분석에 앞서 선행되어야 할 부분까지 다루었다. 파이썬 설치 및 코딩 방법부터 시작해서, 본격적인 텍스트 분석에 앞서 꼭 알아두어야 할 통계분석을 파이썬으로 어떻게 코딩하는가를 설명했고, 이어서 방대한 빅데이터를 어디에서 어떻게 수집하는가 하는 웹 크롤링, 그리고 수집된 텍스트 데이터를 정제하는 자연어 처리를 설명했다. 이러한 내용을 숙지한 후 핵심어 분석, 의미 연결망 분석, 군집분석, 토픽 모델링, 단어임베딩, 감정분석 등 많이 활용되는 텍스트 분석기법을 파이썬으로 어떻게 코딩하는가를 기본 개념과 예제 중심으로 설명했다. 또 코딩에 익숙치 않은 컴퓨터 공학 비전공자들이 일일이 코드를 칠 필요없이 파일로 내려 받아 손쉽게 응용할 수 있도록 이 책의 소스 코드와 관련 자료도 다 공개했다. 아무쪼록 이 책이 코딩에 문외한이지만 파이썬을 이용해서 텍스트 분석을 하려는 인문사회과학 분야의 연구자와 실무자들에게 도움이 되기를 바란다.

호반의 도시 춘천에서

윤태일 이수안

목 차

09. 군집분석

10. 토픽 모델링과 단어임베딩

11. 감정분석

01.

왜 파이썬을 활용한 텍스트 마이닝인가?

1. 왜 텍스트 마이닝인가?

미국의 대표적인 유통업체인 타깃(Target) 매장에 한 중년 남자가 찾아와서 항의했다. 유통업체가 임산부용 제품에 대한 광고와 판촉용 메시지를 자신의 대학생 딸에게 노출시키고 있다는 사실에 그는 분노했다. 하지만 실제로 그의 딸은 이미 임신 3개월이 지난 상태였다. 여대생의 임신과 같은 내밀한 신상정보를 유통업체가 통보 받은 것도 아닐 텐데 타깃은 어떻게 아버지도 모르는 대학생 딸의 임신 사실을 알 수 있었을까? 이것은 고객의 상품구매 행동에 대한 광범위한 데이터 분석 결과를 바탕으로 한 예측이다. 이를테면 여성 소비자들이 임신

전에는 향이 있는 로션을 주로 구매하다가 임신 3개월부터는 향이 없는 로션을 구매한다. 소비자 구매패턴에 대한 빅데이터 분석을 바탕으로 유통업체는 여대생의 구매 행동을 통해 그녀의 임신 사실을 가족보다 먼저 파악할 수 있었던 것이다. 이것은 빅데이터를 활용하여 기업에서 소비자를 정확하게 분석 예측하는 사례로 자주 소개되는 일화다(빅인사이트, 2019. 3. 19).

이처럼 빅데이터를 비지니스에 활용한 사례는 많다. 예를 들어 삼성SDS 인사이트 리포트(김서연, 2017. 6. 21)에 따르면 미국의 보험회사인 프로그래시브(Progressive)사는 과학적인 자동차 보험료 산정을 위해 '운전한 대로 지불하세요(Pay As You Drive)'라는 시스템을 운영하고 있다. 이것은 자동차에 부착된 기기가 전송하는 데이터를 활용한다. 가입자의 운전행동에 관한 데이터 분석 결과, 상대적으로 안전한 시간대와 안전한 지역에서 안전운전의 행동 패턴을 보이는 가입자일수록 보험료가 저렴하다. 이를 통해 자동차 안전사고 가능성을 예측하고 고객들의 안전운전을 유도하는 효과도 있다. 삼성화재의 경우 빅데이터 분석을 통해 보험사기를 적발하는 시스템인 IFDS(Insurance Fraud Detection System)를 활용하고 있다. 이 시스템은 보험계약내용 등 보험 정보와 관련된 방대한 데이터를 활용하여 보험사기 고위험군을 추출한다. 예를 들어 고위험군에 속하는 가입자가 고급 자동차를 도난당했다고 신고하고 보상금을 받으려고 시도하면, 이 시스템에서는 현장조사 전문인력에게 알려주고 조사에 착수한다. 조사결과 허위신고임이 드러나면 보험금은 지급되지 않는다.

전통적으로 글을 읽고 쓸 줄 아는 리터러시(literacy) 능력을 미디어에 적용하여, 미디어를 이해하고 활용할 줄 아는 미디어 리터러시

(media literacy) 능력을 길러야 한다는 주장은 꽤 오래전부터 있었다. 요즘은 데이터를 분석하고 이해하며 활용할 줄 아는 데이터 리터러시(data literacy) 능력에 대한 요구도 높아지고 있다.

데이터 리터러시에 대한 요구가 높아지는 이유는 한마디로 오늘날 데이터가 폭발적으로 증가하는 빅데이터(Big Data)의 시대에 살고 있기 때문이다. IBM에서 만든 '데이터의 세계(The World of Data)'라는 인포그래픽은 이를 단적으로 보여준다(Detamore, 2012, 6. 22). 이에 따르면, 매초마다 2백90만 개의 이메일을 주고받고, 매일 가정에서 375메가의 데이터를 사용하고, 매초마다 20시간의 비디오가 유튜브에 업로드되고, 구글은 매일 24페타바이트의 데이터를 관리하고, 매일 5천만 건의 트윗을 주고받고, 매초마다 아마존은 약 73개의 물품을 주문받고 있다.

물론 빅데이터는 단순히 방대한 양의 데이터만을 의미하지 않는다. 빅데이터의 속성을 3V로 요약하는 것처럼 양적으로 크고(Volume), 그 유형이 다양하고(Variety), 생성 및 처리 속도가 빨라야(Velocity) 빅데이터라 할 수 있다(Laney, 2001. 2. 6). 최근에는 이러한 3V에 더하여 데이터의 가치(Value), 진실성(Veracity), 시각화(Visualization)를 추가하여 6V를 빅데이터의 중요한 속성으로 꼽기도 한다(황현석, 용혜련, 강하나, 2018).

이러한 빅데이터 분석은 이론적 영역뿐 아니라 기업의 비즈니스 실무 영역에도 다양하게 활용되고 있다. 마케팅 분야에서도 데이터에 의거한 마케팅(data-driven marketing), 퍼포먼스 마케팅(performance marketing), 마이크로타기팅 및 리타기팅(micro-targeting & re-targeting), 그로스 해킹(growth hacking) 등 여러 이름으로 행해지고 있다(김진 · 최정아, 2018). 이런 데이터 활용이 늘어난 것은 데이터를 분석하는 이론과 방법론이 뒷받침하기 때문이기도 하다. 엄청난 데이터가 축적되고 그것을 활용하려는 요구가 높아지면서 기계학습(machine learning)이나 심화학습(deep learning) 등을 활용하여 데이터를 분석하는 데이터 과학자(data scientist) 혹은 데이터 분석가(data analyst)의 역할이 커지고 있다. 특히 방대한 데이터 속에서 체계적인 분석기법을 통해 일정한 유형과 규칙을 찾아내는 데이터 마이닝(data mining)은 데이터 과학의 중요한 영역이다. 이것은 마이닝(mining)이란 말이 암시하는 것처럼 금광 깊숙이 파고 들어가 금을 채굴하듯이, 방대한 데이터를 분석하여 유용한 지식을 채굴하는 작업이다.

빅데이터가 발생하는 원천은 오프라인 및 온라인에서 발생하는 거래 데이터, SNS에서 생산되는 문자 및 이미지 데이터, 인터넷 등의 검색 데이터, 사물인터넷(IoT) 발달에 따른 M2M(machine-to-machine) 데이터, 질병 관리를 위한 건강 생체 데이터 등 다양하다(황현석, 용혜련, 강하나, 2018). 그런데 앞의 인포그래픽에서 보듯 데이터의 70% 이상은 (수치로 정리된 정형화된 데이터가 아니라) 문자 및 이미지로 구성된 비정형 데이터, 즉 텍스트이다. 특히 최근 SNS를 생각하면 온라인상에 넘쳐나는 글과 이미지는 비정형 데이터이다. 데이터 중에서도 비정형 데이터인 텍스트를 대상으로 데이터 분석기술을 활용하여 텍스트 데이터의 특징과 일정한 패턴 등을 분석함으로써 유용한 지식을 발견하는 이론이자 방법론이 텍스트 마이닝(text mining) 혹은 텍스트 분석학(text analytics)이다(Sarkar, 2016).

수치로 된 정형 데이터가 아니라 글과 그림으로 된 비정형 데이터를 통계적으로 분석하는 작업은 어려움이 따른다. 우선 텍스트는 수치와 달리 추상적 개념을 표현할 때 모호하고 다의적이며, 개념과 개념 사이의 수많은 조합이 가능하여 그에 따라 그 의미가 미묘하게 달라지며, 비슷한 개념을 표현할 때도 여러 종류의 동의어나 유의어가 있어서 다양하게 표현된다. 또 텍스트를 수치와 같은 정형 데이터처럼 분석하는 경우에는 각각의 고유한 단어는 하나의 차원을 가진 데이터이지만 각 단어가 조합을 이룬 텍스트는 다차원의 데이터로 간주하기 때문에 고차원의 텍스트를 2차원 혹은 3차원으로 축소하여 시각화하기 어렵다(송민, 2017). 이러한 어려움 때문에 텍스트 마이닝은 어떤 의미에서 데이터 마이닝보다 더 복잡하고 다양한 인접 분야가 교차되는 영역이다. 아래 그림은 텍스트 마이닝의 인접 분야를 나타낸 것이다.

텍스트 마이닝 관련분야

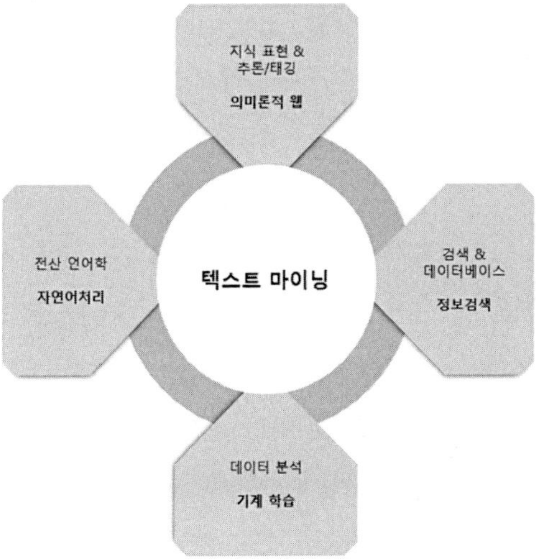

출처: 송민(2017), 5쪽

텍스트 마이닝은 텍스트를 분석하다보니 데이터 마이닝보다도 더 다양한 영역에서 활용되고 있다. 데이터 마이닝이 활용되는 기업경제와 정치 분야 등의 실무 영역과 사회과학은 물론 인문학 분야에도 널리 쓰이고 있다. 기업의 비즈니스 영역에서는 고객불만 분석을 통해서 해지율 감소 방안 등을 모색하는 고객관계관리(CRM: Customer Relation Management) 분야, 시장 기회 발굴과 신제품 개발을 위한 마케팅 분야, SNS상의 상품 사용 후기 등의 텍스트 분석을 통해 소비 패턴과 양상을 분석하는 트랜드 분석, 고객의 신용 등급 평가 등에 활용한다.

구체적으로 사례를 들어 보면, 독일의 크레디테크(Kreditech)사는 대출할 때 대출하려는 사람의 기존 은행거래정보 외에 SNS의 텍스트 데이터를 분석하여 신용을 평가하고 대출 여부를 판단한다. 텍스트 마이닝을 통해서 추출한 대출자의 행동패턴을 보면, 맞춤법을 틀리지 않는 대출자는 틀리는 대출자에 비해 덜 연체하는 특성을 가지고 있다. 또 대출 정보 약관을 얼마나 꼼꼼히 읽었는지 여부도 고려하는데, 대출신청 서류를 상세히 보는 사람일수록 대출을 갚는 경향이 높은 것으로 드러났기 때문이다. 그리고 온라인 쇼핑을 통해 주기적으로 물건을 주문하여 택배 기사가 방문하는지 여부도 신용평가에 반영한다. 일정한 소득이 있고 거주지가 주소와 일치한다고 추정할 수 있기 때문이다. 미국기업인 렌도(Lenddo) 역시 고객의 신용을 평가할 때 정형 데이터인 금융정보 외에도 온라인상의 텍스트로 된 비정형 데이터도 분석한다. 예를 들어 고객 및 친구의 SNS 텍스트에서 '자동차 사고' 및 '실직' '분노' 같은 부정적인 단어가 많이 나오면 신용도는 떨어진다(김서연, 2017. 6. 21).

텍스트 마이닝은 경제 경영 분야뿐 아니라 정치나 보건 정책 분야에도 활용된다. 대통령 선거 때 SNS상에서 특정 후보가 얼마나 많이 언급되고 얼마나 긍정적으로 언급되었는가에 대한 텍스트 분석이 여론조사보다 선거결과를 더 정확하게 예측한다는 것은 이제 상식이다. 보건이나 정책 분야에서도 텍스트 마이닝은 위력을 발휘한다. 구글의 독감 동향 데이터(Google Flu Trend Data)는 감기와 관련된 검색어 빈도를 분석해 독감 환자 수, 유행지역 등을 예측하는데, 이것이 미국의 질병통제본부(CDC)보다 예측력이 뛰어났다(최현철, 2017).

실무 영역뿐 아니라 학문 영역에서도 텍스트 마이닝을 폭넓게 활용하고 있다. 전통적으로 통계분석 기법을 활용해온 사회과학 분야는 물론, 해석적인 방법을 주로 구사하던 인문학 분야에서도 텍스트 마이닝을 많이 활용하고 있다는 점이 특히 주목할 만하다. 이것은 디지털 테크놀로지 혹은 컴퓨터공학과 전통 인문학의 융합 분야인 디지털 인문학(digital humanities: DH)과 연계된다.

인문학의 텍스트 마이닝 활용은 언어학, 역사학, 문학 등 방대한 텍스트 데이터가 이미 축적된 분야에서 활발하다. 그리고 방대한 인문학 텍스트가 데이터 분석기술의 적용이 가능하도록 디지털화 작업이 진행된 토대 위에서 출발한다. 인문학 텍스트를 디지털로 변환시키는 서구의 대표적인 작업은 구텐베르크 프로젝트(http://www.gutenberg.org)이다. 셰익스피어나 제인 오스틴 등의 문학작품을 비롯하여 59,000여 개의 고전적 문헌에 대한 전산화 작업이 완료되어 전자책(e-book)으로 변환되었다. 인문학 텍스트의 전산화 작업은 동양의 고전문헌에서도 이루어지고 있다. 한자로 쓰인 중국의 고전문헌을 전산화하여 방대한 데이터베이스를 구축하는 중이며, 이러한 인문학 텍스트의 데이터베이스를 텍스트 마이닝을 통해 분석하는 연구 역시 활발하게 시도하고 있다(Chen & Chang, 2019).

고전문헌의 전산화 작업을 통해서 방대한 인문학 텍스트의 말뭉치(corpus)를 구축하면서 동시에 이를 활용하려는 분석 도구 및 프로젝트도 많아지고 있다. 이를테면 구텐탁(GutenTag)은 구텐베르크 프로젝트 등을 통해 구축한 인문학 텍스트를 말뭉치 삼아 자연어 처리(NLP: Natural language Processing) 등의 과정을 거쳐 텍스트 마이닝하는 소프트웨어 도구이다. 워드시어(wordseer, http://wordseer.berkeley.edu)는 텍스트 분석을 위해서 캘리포니아 버클리대학에서 개발한 텍스트 분석 환경이다. 인문학 분야의 대규모 텍스트 분석 프로젝트로는 미국 스탠포드대학에서 수행하고 있는 '편지공화국 지도그리기(Mapping the Republic of Letters; http://republicofletters.stanford.edu) 프로젝트'가 있다. 이 프로젝트의 토대는 원래 영국 옥스퍼드대학에서 구축한 '전자적 계몽(Electronic Enlightenment)'이라는 데이터베이스이다. 이 데이터베이스는 17세기 초부터 이후 200년간 7,000여 명의 사람들이 작성한 60,000여 건의 역사적 텍스트를 전산화한 데이터이다. 이 데이터베이스를 기반으로 특히 17~18세기 계몽주의 시대 서구의 지식인들이 주고받은 편지를 분석하는 프로젝트가 스탠포드대학의 편지공화국 프로젝트이다. 편지공화국이란 볼테르, 루소, 뉴턴 등 계몽주의 시대의 인물들이 편지를 주고받으면서 지성과 감성의 공감대를 형성한 문화공동체를 일컫는다(최현철, 2017).

텍스트 마이닝은 대규모 인문학 프로젝트뿐 아니라 개별적인 문학 연구논문이나 역사학 연구논문에도 활용되고 있다. 예를 들어 시인 윤동주에 대한 기존 연구논문 220여 편을 텍스트 마이닝의 LDA(Latent

Dirichlet Allocation) 토픽 모델링 기법을 적용하여 분석함으로써 기존 연구 분야가 생애, 시, 실존의식, 비교문학, 번역문학, 종교적 신념 등 다양한 분야에 걸쳐있다는 사실을 계량적으로 보여준다(박진균, 김택윤, 송민, 2017). 역사학 분야에서는 문혜정(2018)이 조선왕조실록에 기록된 유교 관련 기사 4,000여 건을 텍스트 마이닝을 통해 분석하여, 유교 정치의 주요 분야, 왕조별 유교 정치의 특성, 분야별 주요 주제 등을 밝혀냈다.

2. 왜 파이썬인가?

텍스트를 분석하는 상업용 및 무료 오픈소스의 텍스트 마이닝 분석 도구에는 여러 가지가 있다. 위키피디아의 텍스트 마이닝 소프트웨어 목록(list of text mining software https://en.wikipedia.org/wiki/List_of_text_mining_software)에 따르면 텍스트 마이닝을 위한 컴퓨터 소프트웨어로 유료의 상업용 및 무료 오픈소스로 된 것이 수십 개가 되지만, 가장 많이 쓰이는 도구는 오픈소스로 공개된 R과 파이썬(Python)이다. R은 통계기법과 수치해석 및 그래픽 기능이 뛰어나 통계분석에 특화된 프로그래밍 언어이다. 반면에 여러 영역에 두루두루 활용되어 쓰임새가 많은 파이썬은 통계 및 데이터 분석에도 탁월함을 발휘하고 있는 프로그래밍 언어이다.

텍스트 분석을 비롯하여 데이터 분석에 강력한 효용성을 자랑하는 파이썬은 1991년 귀도 반 로섬(Guido van Rossum)이 발표한 프로그래밍 언어이다. 파이썬이란 이름은 「몬티 파이썬의 비행 서커스(Monty Python's Flying Circus)」라는 TV 코미디 프로그램으로 유명한 영국의 코미디 그룹 파이썬에서 착안했다고 한다. 코미디처럼 즐겁고 재미있게 접근할 수 있는 프로그래밍 언어를 지향하는 파이썬의 철학을 대변한다. 파이썬의 로고는 두 마리의 뱀이 서로 엉켜있는 모습인데, 이는 파이썬이 거대한 뱀을 지칭하기 때문이기도 하다. 파이썬은 그리스 신화에서 그리스 중부 델포이를 지배했던 큰 뱀인데 제우스의 아들 아폴론에 의해 화살에 맞아 죽었다. 파이썬 홈페이지(https://www.python.org)에 가면 파이썬에 대한 기본 사항 및 최근의 동향에 대해서 알 수 있다.

파이썬 뱀과 코미디 「몬티 파이썬의 비행서커스단」

프로그래밍 언어로서 파이썬은 다음과 같은 특징을 가지고 있다(Kenji, 2016/2017).

첫째, 가동성과 유지보수성이 뛰어나다. 파이썬의 문법은 간단하여 쉽게 읽고 이해할 수 있고 배우기 쉬우며, 그 결과 유지보수가 간편하다.

둘째, 인터프리터 언어다. 프로그램을 순차적으로 해석하여 실행하는 구조로써, 실행할 코드를 입력하면 프로그램을 순차적으로 실행할 수 있다.

셋째, 스크립트 언어다. 즉 동적인 타이핑언어이며, 인터프리터 언어이며, 낮은 수준의 기술로 소규모 프로그램에 적합하다. 또 처리내용을 간결하게 작성할 수 있어서, 특히 C언어나 자바 등과 비교하면 코드가 깔끔하고 이해하기 쉬우며 양이 적다.

넷째, 접착제 언어(glue language)다. C언어나 포트란 등 기존의 다른 언어로 작성된 프로그램을 쉽게 통합할 수 있는 언어다. 따라서 과학기술 분야에서 폭넓게 사용된다.

다섯째, 배터리가 내장된(battery included) 언어다. 다양한 처리를 수행할 수 있는 강력한 표준 라이브러리를 갖추고 있기 때문에 파이썬을 설치하면 곧바로 표준 라이브러리로 프로그램을 작성할 수 있다.

마지막으로, 풍부한 생태계와 연계되어 있다. 표준 라이브러리 외에도 엄청난 수의 제3자 라이브러리가 만들어져 있다. 이들은 대부분 무료 패키지임에도 그 성능이 탁월하여 파이썬은 절대적 인기를 누리고 있다.

이러한 특장점을 가졌기 때문에 파이썬은 텍스트 마이닝뿐 아니라 여러 분야에 활용된다. 우선 응용소프트웨어를 제어하는 컴퓨터 프로그래밍 언어인 데이터 스크립팅 언어(scripting language)로 많이 쓰인다. 웹 서버를 구축하고 웹페이지를 개발할 때 사용되고, 간편하면서도 효율적인 그래픽 사용자 인터페이스(GUI: Graphical User Interfaces) 기반 어플을 개발할 때도 사용된다. 또 파일과 디렉토리를 관리, 삭제, 검색 및 제작하는 것을 포함한 시스템 프로그래밍을 실행할 때, 데이터베이스 프로그래밍할 때, 연산 및 통계작업과 같은 과학적 컴퓨팅 작업할 때도 사용되고, 최근에는 기계학습에 가장 강력하고 대중적인 언어로 자리매김했다(Sarkar, 2016). 파이썬은 이렇게 다양하게 활용될 수 있기 때문에 웹이나 데스크톱 개발자 및 시스템 관리자들은 물론, 최근엔 데이터 과학자, 기계학습 엔지니어들의 관심도 늘었다. 다양한 기능을 가진다는 의미에서 맥가이버 칼이라고도 불리는 스위스 군용칼(Swiss Army Knife)을 흔히 파이썬에 비교하기도 한다. 파이썬 소프트웨어 파운데이션(Python Software Foundation) 재클린 카질(Jacqueline Kazil) 이사는 파이썬은 시스템 운영, 웹 개발, 배포, 과학적 모델링 등 모든 영역에서 사용된다고 하면서 이렇게 다양한 목적으로 쓰이는 프로그래밍 언어는 파이썬 밖에 없다고 했다(임유경, 2017. 9. 13).

이러한 탁월한 범용성과 유연성 덕분에 프로그래밍 언어로서 파이썬의 인기는 꾸준히 증가하고 있다. 단적인 사례가 스택 오버플로(Stack Overflow)의 분석결과이다. 매달 50만 명 이상이 방문하는 세계 최대 온라인 개발자 커뮤니티인 스택 오버플로에서는 그동안 프로그래밍 언어에 관하여 올라온 질문들을 언어별로 분류해 트래픽을 분석했다. 분석결과 최근 5년간 관심이 가장 폭발적으로 증가한 언어는 파이썬이다. 2011년 말에 6위에 불과했던 파이썬에 대한 관심은 2018년 이미 기존의 프로그래밍 언어 강자인 자바(Java)나 자바스크립트(Java Script)를 제치기 시작했고, 파이썬에 관한 질문이 전체 트래픽

주요 프로그래밍 언어 성장 및 소규모 테크놀로지와 비교한 파이썬

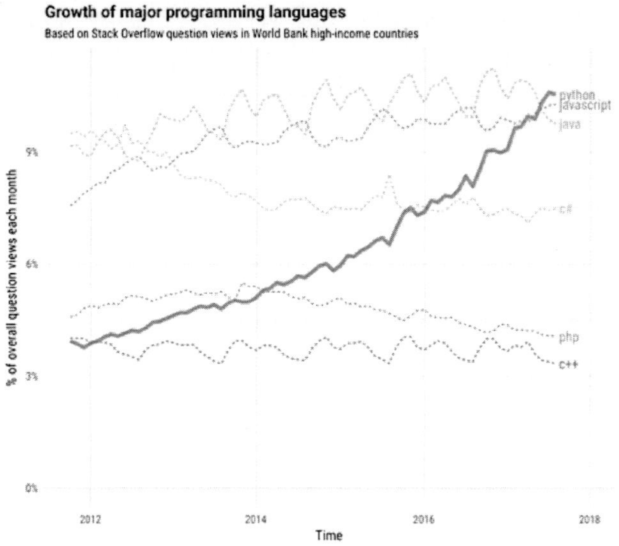

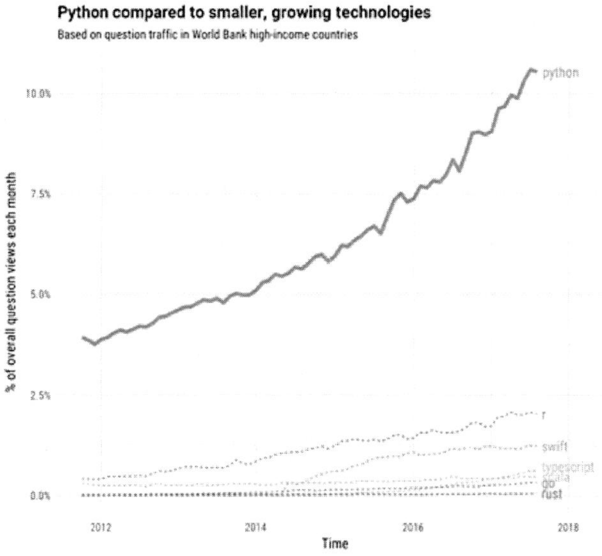

출처: https://stackoverflow.blog/2017/09/06/incredible-growth-python

의 15%를 차지할 정도로 그에 대한 관심이 뜨거워지고 있다. 파이썬의 인기는 특히 미국, 영국, 독일, 캐나다 등 고소득 국가에서 더 가파르게 상승하고 있다(임유경, 2017. 9. 13).

데이비드 로빈슨(David Robinson, 2017. 9. 6)은 '파이썬의 놀라운 성장(The Incredible Growth of Python)'이라는 제목의 글에서, 이런 추세라면 파이썬이 조만간 가장 많이 활용되는 프로그래밍 언어가 될 것으로 내다보았다. 앞에서 설명한 것처럼 파이썬은 강력한 커뮤니티가 형성돼 있다는 점, 언어 자체가 가독성이 좋고, 간결하며, 다양한 라이브러리가 잘 갖춰져 있다는 장점 때문이다. 앞의 그림은 파이썬 및 중요 프로그래밍 언어의 성장 추이를 보여주는 도표, 그리고 R을 비롯해서 다른 소규모 프로그래밍 언어와 비교한 파이썬의 성장 추이를 보여주는 도표이다. 이런 점을 감안할 때 여러 분야에서 두루두루 활용할 수 있는 파이썬으로 텍스트 마이닝을 하는 것이 효용성 면에서 여러모로 유리하다.

3. 파이썬으로 하는 텍스트 마이닝의 절차 및 이 책의 구성

이 책에서는 파이썬을 이용하여 텍스트 마이닝을 하기에 앞서 기본적으로 알아야 할 기초에 대해서 먼저 설명한다. 2장에서는 파이썬 설치 등 기본적인 사항에 대해 설명하고, 3장에서는 텍스트 마이닝 코딩을 위해 알아야 할 파이썬의 기초 코딩을 설명하고, 4장에서는 파이썬으로 하는 통계기초를 간략하게 설명한다.

이어서 파이썬으로 하는 텍스트 마이닝의 절차를 4단계로 구분하여 순서대로 설명한다. 그림에서 보는 것처럼 첫 번째 단계는 데이터 크롤링(crawling)이나 스크래핑(scrapping)을 통해서 텍스트 데이터를 수집하는 절차로 이 책의 5장에서 설명한다. 6장은 두 번째 단계에서 수집된 텍스트 데이터를 본격적인 텍스트 분석에 적합하도록 자연어 처리 과정(NLP: Natural Language Processing)을 통해서 정제하는 과정을 설명한다. 3단계는 텍스트 데이터의 특성과 유형을 추출하여 의미 있는 지식을 탐구하기 위해서 여러 가지 분석방법을 구사하는 절차이며, 분석결과를 평가하고 적용하는 4단계는 데이터를 대시보드 등을 통해 공유하는 절차이다. 이 책에서는 분석기법을 적용하는 3단계,

텍스트 마이닝의 과정

그리고 분석결과를 시각화하여 적용하는 4단계를 합쳐서 각 분석기법별로 설명한다.

7장에서는 기술통계 등을 통해서 가장 단순한 수준에서 텍스트의 특징을 파악하는 분석방법으로 단순 빈도분석 및 단어빈도-역문서빈도(TF-IDF), 그리고 그 결과를 단어 구름(word cloud)으로 시각화하는 방법을 설명한다. 8장에서는 사회연결망 분석기법을 텍스트에 적용한 의미 연결망분석(SNA: Semantic Network Analysis) 기법을 설명하고, 9장에서는 텍스트를 유사한 문서들끼리 분류하여 묶어주는 군집분석(clustering analysis)을 다룬다. 10장에서는 텍스트에 잠재된 주제를 추출하는 토픽 모델링(topic modeling) 및 단어임베딩(word embedding)에 대해서 설명하고, 11장에서는 텍스트에 담긴 주제뿐 아니라 텍스트에서 표출된 정서적 태도 혹은 의견을 파악하는 감정분석(sentiment analysis)에 대해서 설명한다. 마지막으로 파이썬 텍스트 마이닝의 향후 전망과 파이썬의 선(zen of python)에 대해서 소개하고 마무리한다.

02.

파이썬 설치하고 시작하기

1. 파이썬 설치하기

파이썬의 설치환경 확인 및 아나콘다 설치

파이썬 배포판은 파이썬에 필요한 여러 가지 소프트웨어를 한 번에 설치할 수 있도록 설치 프로그램으로 묶어서 배포하는 소프트웨어 패키지를 말한다. 이 파이썬 배포판에는 파이썬 인터프리터와 표준 라이브러리 모듈, 디버거, 테스팅 도구, 통합 개발환경인 아이들(IDLE), 그리고 사용 설명서 등이 포함되어 있다. 아나콘다(Anaconda)는 이러한 파이썬 배포판의 일종으로 500개 정도의 파이썬 모듈을 묶어서 패키지로 제공한다. 파이썬을 설치하기 위해서는 아나콘다 홈페이지(www.anaconda.com)로 가서 파이썬 3.0버전 이상을 다운 받아 다음 그림과 같이 설치하면 된다.

먼저 아나콘다 홈페이지에 가서 다운로드(Download) 배너를 클릭하면 아래 그림과 같은 사이트가 나온다. 최신 버전인 Python3.xx 버전을 선택한다. 이때 자신의 컴퓨터가 64비트인지 32비트인지를 확인하고 그에 맞는 사양을 선택한다.

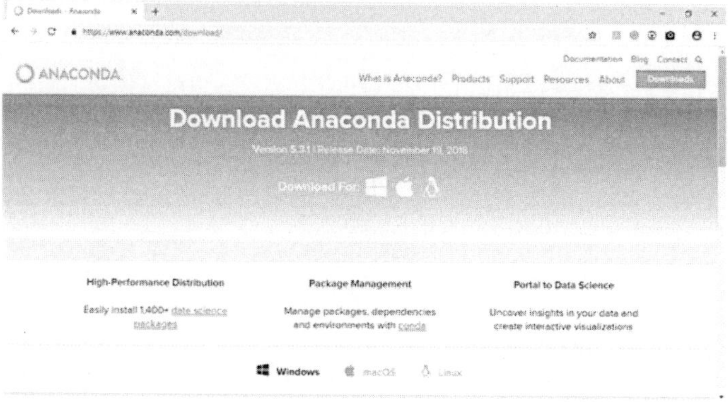

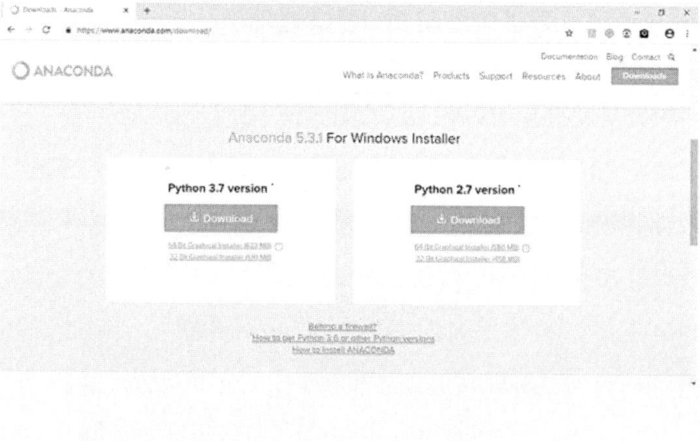

자신의 컴퓨터 사양을 확인하는 방법은 윈도우의 상태표시줄 맨 아래 왼쪽에 있는 설정 아이콘(톱니바퀴 모양)을 누르면 다음 그림과 같은 [Windows설정] 창이 나온다. 여기서 왼쪽 위의 [시스템] 아이콘을 누른다.

시스템 아이콘을 눌러 다음 그림과 같은 창이 뜨면 여기서 화면 왼쪽 아래의 [정보] 항목을 클릭한다.

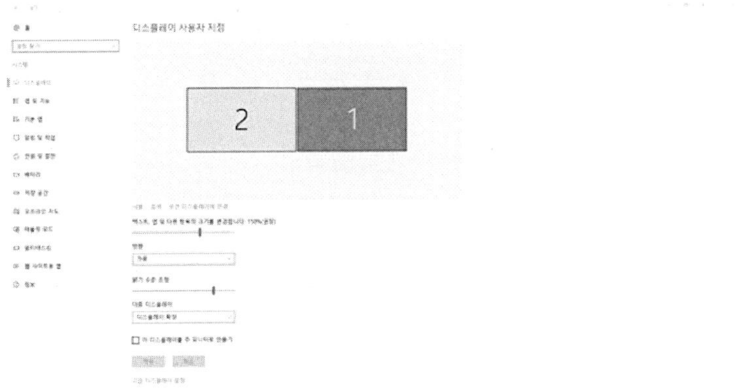

다음과 같은 화면이 나오면 오른쪽 중간에 시스템 종류에 대한 설명

이 나온다. 여기서 64비트 운영체계라고 나오면 파이썬 아나콘다에서도 64비트를 선택한다.

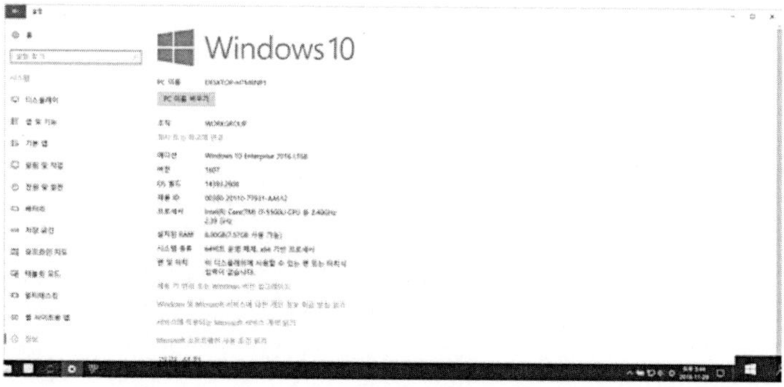

64비트용 파이썬 3.7버전을 선택하여 다운을 받으면 설치가 시작되면서 다음 그림과 같은 첫 번째 설치화면이 나타난다. [Next]를 눌러 다음 단계로 진행한다.

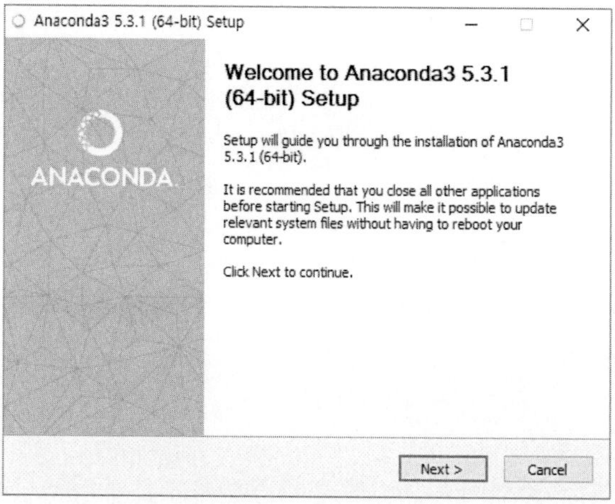

라이센스 동의에 관한 내용이다. [I Agree]를 누르고 다음 단계로 이동한다.

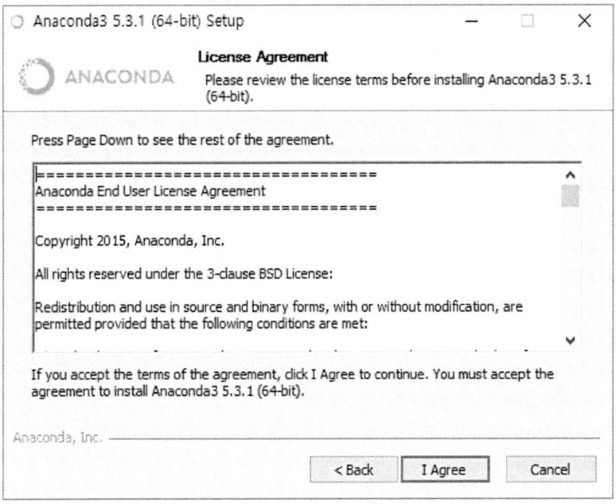

설치유형을 선택하는 화면이 나오면 권장사항인 개인사용자 전용('Just Me')을 선택하고 [Next] 버튼을 눌러 다음으로 이동한다.

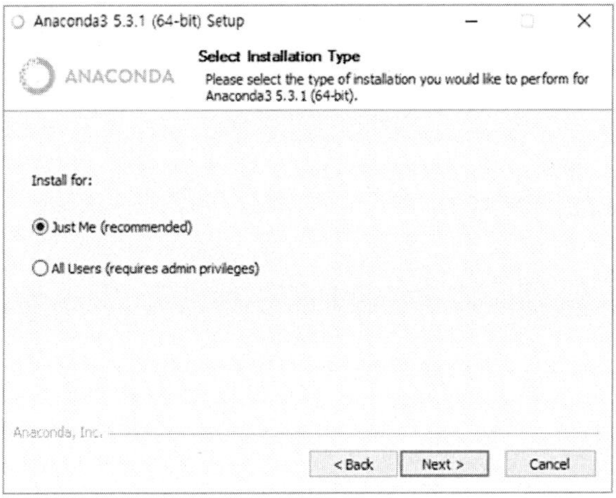

아나콘다가 설치될 경로를 지정해준다. 본인이 원하는 경로가 따로 없으면 기본사양(default)으로 되어 있는 경로를 선택하고 [Next]를 눌러 다음으로 이동한다.

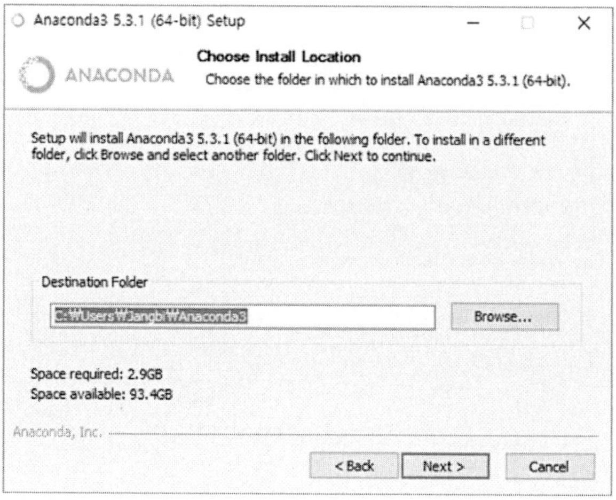

추가적인 옵션 선택화면에서 아래 옵션만 체크하거나 위 옵션도 체크한 후 [Install] 버튼을 눌러 설치한다.

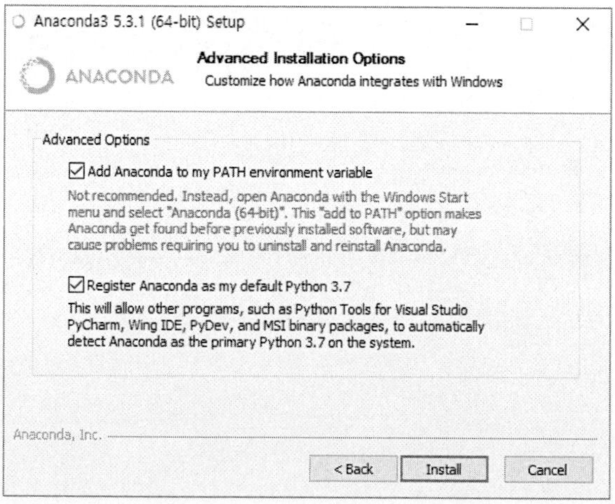

주피터 노트북 실행

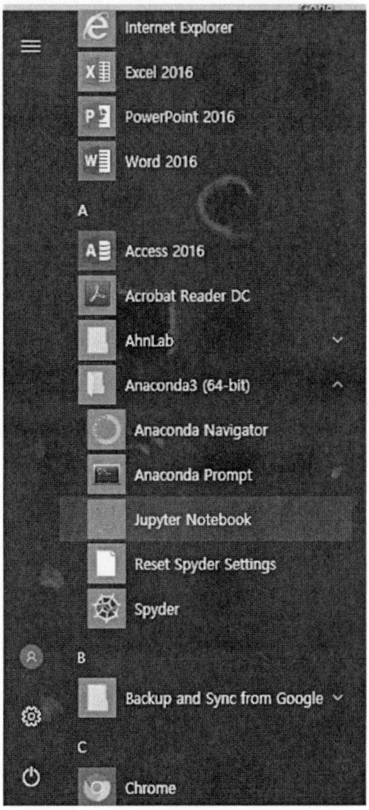

파이썬으로 텍스트 마이닝을 하려면 코딩작업을 수행하면서 텍스트 파일의 내용을 눈으로 확인할 수 있는 텍스트 편집기가 필요하다. 파이썬에 필요한 텍스트 편집기는 실행 속도가 빨라야 하고, 규모가 큰 파일도 안정적으로 표시하고 편집할 수 있어야 하며, 여러 가지 인코딩 파일을 열 수 있으면서 인코딩 변환을 할 수 있어야 한다.

바로 이러한 요건을 충족하는 텍스트 편집기가 주피터 노트북(Jupyter notebook)으로 파이썬을 지원하는 웹 애플리케이션이다. 주피터 노트북은 하나의 문서 내에 여러 가지 그래프, 데이터 및 결과를 담을 수 있고 직관적인 이해가 가능하기 때문에 파이썬을 위한 텍스트 편집기로 널리 쓰인다. 아나콘다가 설치되면 컴퓨터에 주피터 노트북도 같이 설치된다. 따라서 위 그림과 같이 시스템 메뉴에서 주피터 노트북을 선택하여 실행할 수 있다.

시스템화면에서 Jupyter Notebook을 클릭하면 다음 그림과 같은 화면이 뜨고, 바로 이어서 인터넷 상의 크롬에서 주피터 노트북이 열린다.

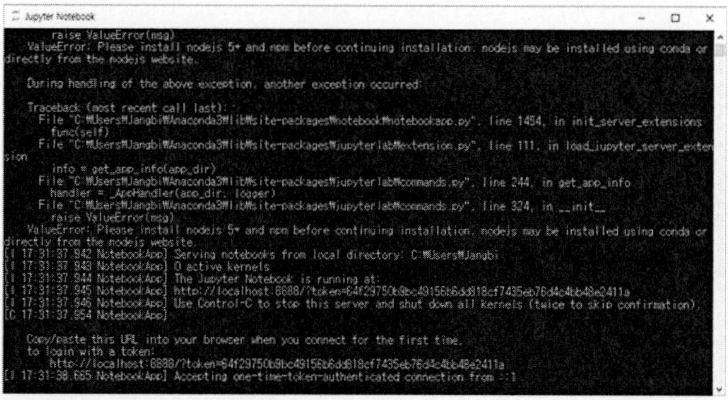

주피터 노트북에 본인 컴퓨터의 폴더 등이 표시되는데 주로 주피터 노트북으로 작업하는 파이썬 파일들은 desktop 폴더에 저장된다.

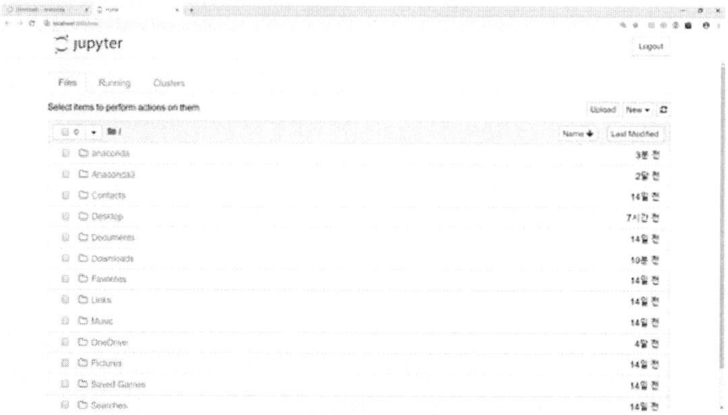

오른쪽 상단 New 메뉴 중에서 Python 3을 선택하면 다음 그림과 같이 새로운 주피터 노트북 화면이 나온다. 이제 in이라고 되어 있는 칸에 코드를 입력하고 실행하면 out으로 되어 있는 칸에서 결과가 출력된다. 코드 외에 설명 또는 주석을 넣으려면 code라고 적혀있는 드롭다운 메뉴 목록에서 [markdown]을 선택하고 입력한 후 run을 클릭하면 텍스트가 입력된다.

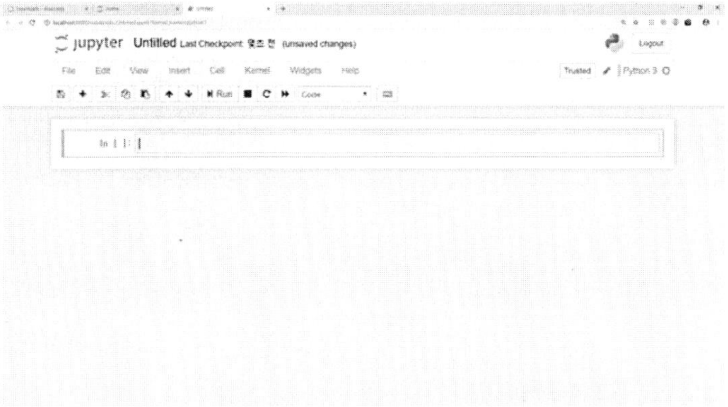

2. 파이썬 실행 방법 및 핵심 라이브러리

주피터 노트북에서 in에 코드를 입력하고 기본적으로는 기본 메뉴에 있는 run을 클릭하면 결과가 출력되는데, 간편하게 명령을 실행하는 몇 가지 기본 사용법을 소개하면 다음과 같다.

명령	실행
ctrl + enter	실행 후 원래 셀 그대로 제자리
shift + enter	실행 후 다음 셀로 이동
alt + enter	실행 후 다음 셀 삽입
esc	편집모드에서 명령모드로 전환
enter	명령모드에서 편집모드로 전환
ctrl + A	셀의 코드 전체 선택
ctrl + C	선택한 코드 복사하기
ctrl + V	복사한 코드 붙여넣기

파이썬의 가장 큰 특징인 범용성은 파이썬의 풍부한 라이브러리에 기인하는 바가 크다. 파이썬은 표준 라이브러리(standard library)가 자체 내장되어 있어서 파이썬을 설치할 때 여러 가지 모듈과 패키지가 함께 설치된다. 그 밖에도 제3자 라이브러리(third party library)가 많이 지원되어 프로그래밍을 할 때 이들을 활용할 수 있다. 파이썬에서는 라이브러리, 패키지, 모듈 등의 용어들이 서로 혼용되어 쓰이기도 하는데, 엄밀하게 말하면 다르다.

라이브러리는 "특정한 기능을 구현하기 위해 미리 작성된 한 무리의 프로그램"(Kenji, 2016/2017, p.179)으로 이는 다시 모듈과 패키지로 나뉜다. 모듈은 함수나 클래스 등의 객체 정의를 포함하는 파일로서 모듈이 되는 파일은 "파이썬 인터프리터에 의해 해석되거나 실행되는 코드집합으로 하나의 프로그램으로 동작" 가능하며, 패키지는 "모듈의 유기적인 사용을 위해 모듈을 모아 둔 특별한 폴더"(김주현, 2016, 313쪽)를 말한다.

파이썬의 텍스트 마이닝 작업을 수행할 때 많이 사용하는 핵심 패키지 및 모듈을 설치하고 이것들이 제대로 작동하는지 확인해볼 필요가 있다. 아나콘다 사이트(http://docs.anaconda.com/anaconda/packages/py3.6_win-64)나 파이썬 사이트(https://www.python.org)에 가면 내장되어 있는 패키지 목록이 나온다. 파이썬에는 전문가는 물론 일반 사용자가 특정 문제를 해결하기 위해 제작한 일련의 패키지나 모듈이 많이 있다. 예를 들어 넘파이(numpy)는 수치 연산 등을 수행하기 위해 사용하는 모듈이고, 매트플롯리브(matplotlib)는 데이터를 시각화할 때 쓰는 모듈이고, 네트워크엑스(networkX)는 연결망분석(network analysis) 할 때 쓰는 모듈이다.

파이썬으로 작업할 때 필요한 모듈은 pip install A(모듈명)로 미리 설치하고 import A(모듈명) as a(축약어)로 간단한 이름을 설정하여 작업을 수행한다. 이를테면 넘파이를 설치하고 그 모듈 이름을 np로 간단하게 지정하여 사용하는 코드는 다음과 같다.

```
!pip install numpy
import numpy as np
```

모듈이 제대로 설치되었는지는 다음과 같이 확인한다.

```
import numpy
numpy.__version__
```

이 책을 비롯해서 텍스트 마이닝 할 때 많이 쓰이는 모듈 및 패키지와 해당 사이트를 정리하면 다음과 같다(파이썬 핵심 패키지에 대한 자세한 설명은 Boschetti & Massaron, 2016/2018 참조).

명칭	기능	웹사이트 주소
jupyter	인터랙티프 파이썬 개발 환경	https://jupyter.org
numpy	수학적 작업 수행	www.numpy.org
scipy	선형대수 공간행렬 등 과학적 알고리즘 제공	www.scipy.org
scikit-learn	기계학습 알고리즘	https://scikit-learn.org/stable
pandas	데이터 테이블 정리 등	http://pandas.pydata.org
matplotlib	데이터 시각화	https://matplotlib.org
statsmodels	통계분석	http://www.statsmodels.org/stable/install.html
seaborn	데이터 시각화	https://seaborn.pydata.org
beautifulsoup4	데이터 스크래핑	https://www.crummy.com/software/BeautifulSoup/bs4/doc
NLTK	(영어) 자연어 처리	www.nltk.org
konlpy	한국어 형태소 분석	www.konlpy.org
wordcloud	단어 구름 시각화	https://www.wordclouds.com
gensim	토픽 모델링	https://radimrehurek.com/gensim
pyldavis	토픽 모델링 시각화	https://pypi.org/project/pyLDAvis
networkx	연결망분석	https://networkx.github.io
TensorFlow	기계학습 알고리즘	https://www.tensorflow.org

03.

기초 파이썬 코딩

1. 파이썬의 입력과 출력

본격적인 텍스트 마이닝을 수행하기 전에 필수적으로 알아두어야 할 기초적인 파이썬 코딩을 정리하면 다음과 같다. 우선 프로그래밍 언어로 코딩할 때 가장 먼저 하는 작업인 'Hello World'를 입력한 후 그 결과를 출력하려면 다음과 같이 print를 친 후 괄호 안에 문장을 입력한다.

```
[in]
print("Hello World")

[out]
Hello World
```

이때 괄호 안에 들어갈 문자는 따옴표를 하고 입력하고 숫자는 따옴표 없이 그대로 입력한다. 직접 입력하면 print가 없어도 출력이 되지만, 내용이 긴 경우 변인을 지정해서 출력할 때는 반드시 print 명령어를 주어야 출력이 된다. 아래는 입력하는 형식을 조금씩 변화시킨 코드이다.

```
[in]
print("Python을 시작합니다₩n안녕하세요?")

[out]
Python을 시작합니다
안녕하세요?

[in]
pi=3.1415926535
print(pi)

[out]
3.1415926535

[in]
hello="안녕하세요"
print(hello)

[out]
안녕하세요

[in]
pi=3.1415926535
```

```
print("원주율은 {a}이고, 근사치로는 {b:.2f}입니다".format(a=pi, b=pi))

[out]
원주율은 3.14159265350이고, 근사치로는 3.14입니다

[in]
name="한국대학교"
print("학교 이름은 {}입니다.".format(name))

[out]
학교 이름은 한국대학교입니다.
```

2. 데이터의 유형과 처리

파이썬에서 많이 활용하는 데이터의 유형은 숫자(numerics), 문자열(string), 목록(list), 튜플(tuple), 집합(set), 사전(dictionary), 다차원 배열(ndarray) 등으로 구분할 수 있다. 각 유형의 데이터 및 처리하는 방법은 다음과 같다.

숫자(numerics)

숫자형 데이터에서 숫자는 정수와 실수, 복소수로 나뉜다. 각각은 int, float, complex로 표시한다. type을 치면 각 숫자가 어떤 type에 속하는지 알 수 있다.

```
[in]
type(10)

[out]
int

[in]
type(3.14)

[out]
flot

[in]
type(7+5j)

[out]
complex
```

숫자는 연산을 수행할 수 있다. 파이썬에서 약속한 기본 숫자 연산 및 논리 연산은 다음과 같다. 이것은 문자열 등의 데이터 유형에도 적용 가능하다.

a=10, b=4, c=2일 때 숫자 연산은 다음과 같다.

연산자	설명	보기
+	덧셈	a+b=14
-	뺄셈	a–b=6

*	곱하기	a*b=40
**	거듭 제곱	a**c=100
/	나누기	a/b=2.5
//	나누기 연산 후 소수점 이하의 수를 버리고, 정수 부분의 수만 구함	a//b=2
%	나누기 연산 후 몫이 아닌 나머지를 구함	a%b=2

비교 연산도 가능하다. 앞의 예와 마찬가지로 a=10, b=4일 때 비교 연산은 다음과 같다.

연산자	설명	보기
a>b	a가 b보다 크다	(a>b) --> true
a<b	a가 b보다 작다	(a<b) --> false
a==b	a가 b와 같다	(a==b) --> false
a!=b	a가 b와 같지 않다	(a!=b) --> true
a>=b	a가 b보다 크거나 같다	(a>=b) --> true
a<=b	a가 b보다 작거나 같다	(a<=b) --> false

숫자 연산 및 비교 연산뿐 아니라 파이썬에서는 논리 연산도 가능하다. a=true, b=false 라 가정하면 논리 연산은 다음과 같다.

연산자	설명	보기
and	논리 AND 연산. 둘 다 참일 때만 참	(a and b)=false
or	논리 OR 연산. 둘 중 하나만 참이어도 참	(a or b)=true
not	논리 NOT 연산. 논리 상태를 반전	not(a and b)=true

문자열(string)

문자열 데이터는 따옴표를 붙여서 입력해야 문자로 인식한다. 텍스트 마이닝에서는 주로 문자열 데이터를 다루기 때문에 특히 중요하다. 문자열 데이터를 다룰 때 많이 수행하는 작업은 주로 문자열 붙이기(concatenation), 인덱싱(indexing), 슬라이싱(slicing), 찾기(finding), 대/소문자 바꾸기(convert to uppercase/lowercase), 공백 지우기(strip; remove spaces), 문자열 찾아 바꾸기(replace), 문자열 나누기(split) 등이다. 각각의 처리방법을 설명하면 다음과 같다.

문자열 붙이기(concatenation)는 숫자 연산의 덧셈 연산자와 같다. 각 단어 사이에 띄어쓰기를 하고 싶다면 빈칸을 추가하면 된다.

```
[in]
C3="Life"
C4="is"
C5="too"
C6="short"
C7=C3+C4+C5+C6
C8=C3+" "+C4+" "+C5+" "+C6
print(C7)
print(C8)

[out]
Lifeistooshort
Life is too short
```

문자열 인덱싱(indexing)은 문장 내에서 문자를 골라내는 작업이다. 파이썬은 숫자를 0부터 세기 때문에 맨 처음 문자는 0부터 시작하여 차례로 번호를 붙여서 표시한다. 이때 중간의 문장부호나 빈칸도 순서에 포함시킨다. 마지막부터 셀 때는 - 부호를 붙이고 1부터 시작하는 숫자를 붙인다. 다음과 같은 문장이 있다고 할 때 print(C1[0])은 C1 문장의 0번째(첫번째) 문자 출력, print(C1[-2])는 C1문장의 끝에서 두 번 째 문자를 출력하는 작업이다. 아래의 #표시 이후의 글은 각각의 코드에 대한 일종의 주석과 같은 설명문으로 실행되지 않고 따라서 출력되지도 않는다.

```
[in]
C1="HELLO PYTHON"
C2="안녕하세요 파이썬씨?우리 잘 해봅시다"
print(C1[0]) #C1문장의 0번째 문자 출력
print(C1[-2]) #C1문장의 끝에서 2번째 문자 출력
print(C2[2]) #C2문장의 2번째 문자 출력
print(C2[-3]) #C2문장의 끝에서 3번째 문자 출력

[out]
H
O
하
봅
```

문자열 슬라이싱(slicing)은 문장의 어디부터 어디까지를 추출하는 작업이다. 명령어는 변수명[추출할 문자의 첫 위치: 추출할 문자의 끝

위치+1]이다. 처음부터 …까지는 변수명[:추출할 문자의 끝위치+1], …부터 끝까지일 때는 변수명[추출할 문자의 첫위치:]로 표시한다.

```
[in]
C2="어서와 파이썬은 처음이지?나도 처음이야"
print(C2[7])  #7번째 문자출력
print(C2[4:7]) #4번째 문자부터 6번째까지 출력
print(C2[:6]) #처음부터 5번째까지 문자 출력
print(C2[-6:]) #끝에서 6번째부터 끝까지 문자 출력
```

```
[out]
은
파이썬
어서와 파이
도 처음이야
```

문자열 찾기(finding)는 문자열의 위치를 찾아서 알려주는데, 일반적으로 문자열에서 공백을 찾을 때 많이 사용한다. 명령어는 변수명.index('찾을 문자') 또는 변수명.find('찾을 문자') 문자열을 찾을 때 위치는 0부터 시작허며 공백도 감안한다. find와 index는 있는 문자를 찾을 때는 그 결과가 동일하지만 없는 문자를 찾을 때 차이가 난다. 없는 문자를 찾을 때 find는 -1을 출력하지만 index는 오류라고 출력한다.

```
[in]
C2="어서와 파이썬은 처음이지?나도 처음이야"
```

```
print(C2.index('와')) #C2에서 '와'의 위치 찾기
print(C2.find('파')) #C2에서 '파'의 위치 찾기

[out]
2
4
```

특히 영어의 경우 대/소문자 바꾸기(convert to uppercase/lowercase)는 텍스트 마이닝 하기 전 자연어 처리할 때 영어에서는 필수적으로 해야 하는 작업이다. 왜냐하면 tomato, Tomato, TOMATO를 각각 다른 단어로 인식하기 때문이다.

```
[in]
C1="HELLO PYTHON"
C6="short"
print(C1.lower()) #대문자를 소문자로 변환
print(C6.upper()) #소문자를 대문자로 변환

[out]
hello python
SHORT
```

공백 지우기(strip, remove spaces) 역시 자연어 처리할 때 많이 필요로 하는 작업이다. 문자 사이나 왼쪽 오른쪽 공백을 제거한다.

```
[in]
C9=" HELLO "
```

```
print(C9.lstrip()) #왼쪽 공백 제거
print(C9.rstrip()) #오른쪽 공백 제거하기
print(C9.strip()) #양쪽 공백 제거하기

[out]
HELLO
 HELLO
HELLO
```

문자열 찾아 바꾸기(replace)는 특정 문자를 다른 문자로 교체하는 작업이다. 명령어는 변수명.replace('찾을 문자열', '바꿀문자열')이다.

```
[in]
C10="한국대학교"
print(C10.replace("한국", "고구려")) #'한국'이란 단어를 '고구려'라는 단어로 교체

[out]
고구려대학교
```

문자열 나누기(split)는 기준문자에 따라 문장을 나누는 작업으로 명령어는 다음과 같다. 변수명.split("기준 문자")

```
[in]
C11="한국:대학교"
print(C11.split(':')) #':'라는 문자를 기준으로 문자열을 나누기
```

```
[out]
['한국', '대학교']
```

목록(list)과 튜플(tuple)

목록형 데이터는 하나의 행이 여러 가지 열로 구성된 자료들의 집합이다. 목록형 내 단위의 데이터를 요소(element)라 하는데, 이 요소들은 순서가 있고, 쉼표로 구분한다. 문자열 데이터는 포함되는 자료가 오직 문자인 것에 반해, 목록형 데이터는 문자는 물론, 숫자 및 다른 항목 등 제한이 없다. 파이썬에서 숫자는 따옴표 없이 표시하고 문자열은 작은따옴표(' ')로 표시하지만, 목록형 데이터는 대괄호([ ])로 표시한다. 목록 내에 목록을 추가할 수 있다. 목록형 데이터도 문자열과 마찬가지로 일정 부분을 추출하는 슬라이싱을 할 수 있다. 문자열은 …번째 문자열을 기준으로 하지만 목록형은 …번째 요소를 기준으로 한다.

```
[in]
L1=[1, 2, 3, 4]
L2=['Life', 'is', 'too', 'short']
L3=[1, 2, 'Python']
L4=[1, 2, ['Life', 'Python']]

print(L1[0])  #L1 0번째 요소 추출
print(L1[1]+L1[3]) #L1 1번째 요소(2)+L1 3번째 요소(4)=6
print(L4[-1])  #L4 끝에서 1번째 요소 추출
print(L4[-1][0]) #L4끝에서 1번째 요소(['Life', 'Python']) 중 0번째 요소 추
```

출

```
[out]
1
6
['Life', 'Python']
Life
```

목록형 데이터도 숫자형과 마찬가지로 더하기나 반복하기와 같은 연산이 가능하다. 또 append 명령어를 통해 기존의 요소에 새로운 요소를 추가할 수 있고, insert 명령어를 통해 원하는 위치에 새로운 요소를 삽입할 수도 있다. 목록형 데이터를 합칠 때는 변수명.extend(합칠 변수명) 혹은 변수명+=합칠 변수명의 두 가지 형태로 수행한다.

```
[in]
L1=[1, 2, 3, 4]
L5=[4, 5, 6, 7]
print(L1+L5) #L1과 L5 더하기
print(L1*3) #L1 요소들을 3번 반복하기

[out]
[1, 2, 3, 4, 4, 5, 6, 7]
[1, 2, 3, 4, 1, 2, 3, 4, 1, 2, 3, 4]

[in]
L7 = ['a', 'b', 'c', 'd', 'e', 'f']
L7.append('g') #L7에 'g' 추가
```

```
print(L7)

[out]
['a', 'b', 'c', 'd', 'e', 'f', 'g']

[in]
L8=[1, 3, 2, 4, 5, 7, 8, 10, 6]
L8.insert(2, 9) #L8의 2번째에 요소 9 삽입
print(L8)

[out]
[1, 3, 9, 2, 4, 5, 7, 8, 10, 6]

[in]
L10=[1, 2, 3, 4, 5]
L11=[6, 7, 8, 9, 10]
L10.extend(L11) #L10에 L11 합치기

[out]
[1, 2, 3, 4, 5, 6, 7, 8, 9, 10]

[in]
L10=[1, 2, 3, 4, 5]
L11=[6, 7, 8, 9, 10]
L10+=L11 #L10에 L11 합치기
print(L10)

[out]
[1, 2, 3, 4, 5, 6, 7, 8, 9, 10]
```

목록형 데이터에서 하나의 값을 수정하려면 바뀌는 요소의 위치를 지정하고 바꿀 값을 지정한다. 여러 요소를 수정하려면 바뀌는 요소의 위치 범위를 지정해주고 바꿀 값의 목록을 제시한다.

```
[in]
L6=[1, 2, 4, 3, 5, 7, 7, 8]
L6[5]=6 #5번째  요소의 값(7)을 6으로 수정
print(L6)

[out]
[1, 2, 4, 3, 5, 6, 7, 8]

[in]
L6=[1, 2, 4, 3, 5, 7, 7, 8]
L6[2:4] = [3, 4] #2번째에서 3번째까지의  요소 값을 3, 4로 수정
print(L6)

[out]
[1, 2, 3, 4, 5, 7, 7, 8]
```

목록에서 요소를 삭제하려면 del 변수명[삭제할 요소의 위치] 또는 변수명.pop(삭제할 요소의 위치)로 작업을 수행한다. 요소의 개수를 확인하려면 변수명.count(확인할 요소 값)으로 수행한다. 목록을 정렬하려면 변수명.sort()하면 오름차순으로 정렬되며, 변수명.sort(reverse=True)으로 하면 내림차순으로 정렬된다. 변수명.reverse( )하면 목록의 본래 순서와 반대로 정렬된다.

```
[in]
L6=[1, 2, 4, 3, 5, 7, 7, 8]
del L6[7] #7번째 요소 삭제
print(L6)

[out]
[1, 2, 4, 3, 5, 7, 7]

[in]
L6=[1, 2, 4, 3, 5, 7, 7, 8]
L6.pop(7) #7번째 요소 삭제
print(L6)

[out]
[1, 2, 4, 3, 5, 7, 7]

[in]
L9=[1, 1, 2, 2, 2, 3, 3, 3, 3, 4, 4, 4, 4, 4]
print(L9.count(1))  #L9에서 1이 몇 개인가 계산
print(L9.count(2)) #L9에서 2가 몇 개인가 계산

[out]
2
3

[in]
L8=[1, 3, 2, 4, 5, 7, 8, 10, 6]
L8.sort() #목록의 요소를 오름차순으로 정렬
print(L8)
```

```
[out]
[1, 2, 3, 4, 5, 6, 7, 8, 10]

[in]
L8=[1, 3, 2, 4, 5, 7, 8, 10, 6]
L8.sort(reverse=True) #목록의 요소를 내림차순으로 정렬
print(L8)

[out]
[10, 8, 7, 6, 5, 4, 3, 2, 1]

[in]
L8=[1, 3, 2, 4, 5, 7, 8, 10, 6]
L8.reverse() #목록의 요소를 처음 순서와 반대로 정렬
print(L8)

[out]
[6, 10, 8, 7, 5, 4, 2, 3, 1]
```

튜플(tuple)은 목록형 데이터와 구조적으로는 동일하지만, 데이터가 한 번 생성된 후에는 요소의 수정이 불가능한 데이터 유형이다. 목록형 데이터가 대괄호([ ])로 묶인 형태라면, 튜플은 소괄호(( ))로 묶인 형태이다. 튜플도 목록형과 유사하기 때문에 덧셈이나 곱셈 같은 연산이 가능하다. 하지만 수정이 불가능하기 때문에 앞에서 목록형 데이터에서 본 것과 같이 데이터를 추가(append)하거나 확장(extend)하거나 삽입(insert)할 수는 없다. 이러한 명령어를 사용하면 오류 메시지가 뜬다.

```
[in]
T1=(1, 2, 3, 4, 5)
T2=('a', 'b', 'c', 'd', 'e')
L1=['a', 'b', 'c', 'd', 'e']
print(type(T1)) #T1의 자료유형 표기
print(type(T2)) #T2의 자료유형 표기
print(type(L1)) #T3의 자료유형 표기

[out]
<class 'tuple'>
<class 'tuple'>
<class 'list'>
```

사전(dictionary)

사전 형태의 데이터는 대응관계를 표현할 수 있는 자료들이다. 이것은 마치 사전에 표제어 단어가 있고 그 단어의 뜻에 대한 설명이 합쳐져서 하나의 항목을 이루는 것처럼, 데이터에 key와 이에 연결된 value가 하나의 항목을 이루는 데이터 유형이다. 보통은 D1 = {key1:value1, key2:value2, …, keyN:valueN}의 형태로 표시된다. 즉, 어떤 사람에 대해서 그의 이름, 생년월일, 신장 등의 자료가 있다면 일단 사전 형태의 데이터로 표현할 수 있다. 여기에 체중 60을 추가하려면, 추가할 key 이름('weight')과 value 값(60)을 추가할 수 있다. 특정 key의 value값도 역시 수정할 수 있다. key와 value를 삭제하려면 del.변수명['key'이름]의 명령어로 수행한다. 사전형 데이터에서 key 리스트 혹은 value만의 목록은 list 명령어를 사용하여 만들 수 있다. 또 key의 존재여부를 확인하려면 print('key 이름' in 변수명)으로 수행한다.

```
[in]
D1={'name': 'KIM', 'birth': '2003', 'height': '175'}
print(D1['name'])

[out]
KIM

[in]
D1['weight']='60' #D1에 key 이름'weight'와 그 value'60' 추가
print(D1)

[out]
{'name': 'KIM', 'birth': '2003', 'height': '175', 'weight': '60'}

[in]
D1['height']='180' #D1 'height'의 값을 '180'으로 수정
print(D1)

[out]
{'name': 'KIM', 'birth': '2003', 'height': '180', 'weight': '60'}

[in]
del D1['name'] #D1에서 'name'항목 삭제
print(D1)

[out]
{'birth': '2003', 'height': '180', 'weight': '60'}
```

```
[in]
D1Key=list(D1.keys()) #D1의 key이름 목록 만들기
print(D1Key)

[out]
['birth', 'height', 'weight']

#Value 리스트 만들기

[in]
D1value=list(D1.values())  #D1의 value 값 목록 만들기
print(D1value)

[out]
['2003', '180', '60']

[in]
print('number' in D1) #D1에 'number'라는 key가 존재하는지 여부 확인
print('weight' in D1) #D1에 'weight'라는 key가 존재하는지 여부 확인

[out]
False
True
```

다차원 배열(ndarray)

다차원 배열(ndarray)은 n차원의 배열을 뜻하는 n-dimensional array의 약자이다. 앞에서 key와 value로 이루어진 사전형의 사례가 한

개가 아니라 여러 개일 때는 다차원 배열의 형태가 된다. 즉, 앞에서 김철수라는 학생의 이름, 생년월일, 키, 몸무게로 이루어진 자료뿐 아니라 이영희, 박보람, 최이슬… 등 여러 학생의 이름, 출생일, 키, 몸무게 자료가 있을 때 각각의 자료를 행으로 축적하는 다음과 같은 자료를 만들 수 있는데, 이러한 유형의 데이터가 다차원 배열이다.

	이름	출생일	키	몸무게
1	김철수	200305	175	60
2	이영희	200306	160	50
3	박보람	200401	170	65
4	최이슬	200402	165	55
…				

다차원 배열 데이터는 넘파이(numpy)에서 제공하는 n차원의 배열 객체이다. numpy는 앞에서 설명한 것처럼 수치 해석을 위해 만들어진 파이썬 패키지로서, 데이터를 다루기 위해서는 판다스(pandas)와 함께 필수적으로 숙지해야 할 패키지다. 다차원 배열 데이터를 처리하기 위해서는 먼저 numpy 패키지를 설치하고 np로 불러온 후, np.array(목록형태로 된 데이터 입력)의 명령어로 배열을 생성한다. 연속되거나 일정한 규칙을 가진 숫자는 np.arange(시작값, 끝값+1, 간격) 또는 np.arange(시작값, 끝값+1, 간격, dtype=데이터 형태)의 명령어로 배열을 만든다. np.arange(끝값+1)으로 배열을 간단하게 만들기도 한다.

```
[in]
import numpy as np
V1=np.aray([1, 2, 3, 4])
print(V1)
```

```
[out]
[1 2 3 4]

[in]
V1 = np.arange(5) #0번째 숫자(0)부터 4번째 숫자(4)까지 배열
print(V1)

[out]
[0 1 2 3 4]

[in]
V4 = np.arange(1, 10, 2)*2 # 1부터 9까지 2 간격 수(1, 3, 5, 7, 9)의 2배수.
print(V4)

[out]
[1, 6, 10, 14, 18]

[in]
V5 = np.arange(1, 10, 2) ** 3 #1부터 9까지 2 간격 수(1, 3, 5, 7, 9)의 세
제곱
print(V5)

[out]
[1  27 125 343 729]

[in]
V2 = np.arange(3, 10, 2, dtype=int) #3부터 9까지 2간격의 정수
print(V2)
```

[out]
[3 5 7 9]

[in]
```
V3 = np.arange(3.5, 10.5, 2, dtype=float) #3.5부터 10.5사이 2간격의 실수
print(V3)
```

[out]
[3.5 5.5 7.5 9.5]

다차원 배열 데이터는 행렬형태로 만들 수 있다. 이때 행부터 채워 넣을 수 있고 열부터 채워 넣을 수도 있다. 행부터 채우려면 order='C' 이지만 기본값이기 때문에 생략할 수 있고, 열부터 채우기 위해서는 order='F'로 지정한다. 다차원 배열도 단순하게 더하고 빼고, 곱하고 나누는 사칙연산을 할 수 있다. 기존의 사칙연산자를 사용하면 요소끼리만 사칙연산을 수행한다. 행렬을 곱하려면 np.dot 명령어를 사용한다. 행렬의 곱셈은 일반적으로 다음과 같이 이루어진다.

$$\begin{bmatrix}1 & 2\\3 & 4\end{bmatrix}\times\begin{bmatrix}1 & 2\\3 & 4\end{bmatrix}=\begin{bmatrix}(1\times1+2\times3) & (1\times2+2\times4)\\(3\times1+4\times3) & (3\times2+4\times4)\end{bmatrix}=\begin{bmatrix}7 & 10\\15 & 22\end{bmatrix}$$

다차원 배열에서 요소의 최대값과 최소값은 np.amax(변수명) np.amin(변수명)으로 확인할 수 있다. 데이터의 유형 역시 dtype으로 확인할 수 있고, 몇 행과 몇 열로 이루어진 행렬인가는 shape로 확인할 수 있다.

[in]

```
V1=np.arange(12)  #0부터 11까지 자료
print(V1)
V2=V1.reshape(2, 6)  #V1을 2행 6열 형태로 배열하되 행부터 채운다
print(V2)
V3=V1.reshape(2, 6, order='F') #V1을 2행 6열 형태로 배열하되 열부터
채운다
print(V3)

[out]
[ 0  1  2  3  4  5  6  7  8  9 10 11]
[[ 0  1  2  3  4  5]
[ 6  7  8  9 10 11]]
[[ 0  2  4  6  8 10]
[ 1  3  5  7  9 11]]

[in]
V1=np.arange(1,5).reshape(2,2) #1부터 4까지의 숫자를 2행 2열의 형태
로 행부터 채운다
print(V1)

[out]
[[1 2]
[3 4]]

[in]
print(V1*V1) #V1과 V1의 요소끼리 단순하게 곱한다

[out]
[[1  4]
```

```
[9 16]]

[in]
print(np.dot(V1, V1)) #V1과 V1의 행렬의 곱셈방식을 적용하여 계산

[out]
[[7 10]
[15 22]]

[in]
V3=np.arange(3.5, 10.5, 2, dtype=float)
V6=np.arange(1,5).reshape(2,2)
print(np.amax(V3)) # V3 최대값 반환
print(np.amin(V6)) # V6 최소값 반환
print(V3.dtype) # V3의 데이터 타입
print(V6.shape) # V6의 행, 열, 차원 확인

[out]
9.5
1
float64
(2, 2)
```

한편 다차원 배열 데이터는 np.matrix로도 행렬을 만들 수 있다. 이 경우는 각 행의 요소 목록을 연속해서 추가한다. np.matrix로 만든 행렬 데이터의 곱셈은 행렬 곱셈에 따라 계산된다.

```
[in]
```

```
M1=np.matrix([[1, 2], [3, 4]])
print(M1)
print(M1*M1)

[out]
[[1 2]
[3 4]]
[[ 7 10]
[15 22]]
```

3. 제어문

파이썬으로 텍스트 마이닝을 수행하려면 기본문법을 어느 정도 알고 있어야 한다. 앞에서 여러 유형의 데이터를 그에 맞는 코드로 입력하면 작성한 순서대로 해석되어 수행된다. 하지만 항상 코드를 수행하는 흐름이 입력된 순서대로 흘러가야 되는 것은 아니다. 어떤 경우에는 흐름을 제어할 필요가 있다. 특정 작업을 선택하거나 반복해야 하는 작업을 수행하기 위해서는 코드작업을 수행하는 흐름을 제어하는 제어문을 사용해야 한다. 파이썬으로 텍스트 마이닝을 할 때 많이 사용하는 제어문은 기본적으로 조건문과 반복문이다.

조건문 (if)

조건문은 어떤 특정 조건에 해당하면 정해진 작업을 수행하고 그렇지 않으면 다른 작업을 수행하라는 제어문으로 보통 if문 형태로 수행된다. if 다음에 조건문을 쓰고, 다음 줄에 명령어를 입력하며 이때 콜론을 붙인다. 조건문은 식이나 함수 또는 데이터 값을 지닌 변수가 올 수 있다. 예를 들어 자동으로 고객의 주문을 받아 주문내역을 출력하는 일종의 고객응대 로봇이 있다고 가정하자. 이 로봇은 고객이 금액을 입력하면 그 금액으로 주문가능한 음식메뉴를 출력해준다. 우선 5,000원을 입력했을 때 "짜장면"을 출력하게 하려면 다음과 같이 제어문을 작성한다.

```
[in]
금액=5000
if 금액==5000:
    print("짜장면")

[out]
짜장면
```

여기서 만약 금액이 6,000원이어서 금액=6000을 입력하면 아무것도 출력되지 않는다. 따라서 금액이 5,000원이면 짜장면을 출력하고, 5,000원을 초과하고 10,000원 미만일 때 "짬뽕"을 출력하려면 if문을 하나 더 추가할 수 있으며 이때 입력하는 금액에 따라 반환되는 출력값이 달라진다. 그런데 if문이 두 개일 때는 첫 번째 조건과 두 번째 조건을 항상 다 검사한다. 만약 첫 번째 조건이 충족되면 두 번째 조건은 검사할 필요가 없는 이율배반적인 상황이라면 elif문을 사용하는 것이 좋다. 첫번째 조건의 if문이 충족되면 더 이상 두 번째 조건을 검사하지 않으며, 첫 번째 조건이 충족되지 않은 경우에만 두 번째 조건을 검사하여 그 결과를 반환한다. 첫 번째 조건, 두 번째 조건도 충족되지 않는 나머지 모든 조건을 추가하려면 else문을 추가한다. 이 경우 첫 번째와 두 번째 조건 그 어디에도 해당되지 않는 5,000원 미만 10,000원 이상의 금액일 때는 "죄송해요"를 출력한다.

```
[in]
금액=6000
if 금액==5000:
    print("짜장면")
if 10000>금액>5000:
    print("짬뽕")

[out]
짬뽕

[in]
금액=6000
if 금액==5000:
    print("짜장면")
elif 10000>금액>5000:
    print("짬뽕")

[out]
짬뽕

[in]
금액=4000
```

```
if 금액==5000:
    print("짜장면")
elif 10000>금액>5000:
    print("짬뽕")
else:
    print ("죄송해요")
```

[out]

죄송해요

if … elif 조건문은 목록형 데이터 형태에서도 가능하다. 특정 요소가 목록에 있을 때와 없을 때 그 조건에 따라서 다른 결과를 반환하여 출력하게 할 수 있다. 앞의 사례에서 음식메뉴라는 목록에 짜장면이나 짬뽕이 있는 경우와 없는 경우, 각각의 출력값을 다르게 지정할 수 있다. 이때 앞에서 구분한 if문과 elif문의 차이가 명확하게 드러난다. 다음의 명령어에서 if문을 두 번 반복하면 첫 번째와 두 번째 조건을 전부 검사한다. 따라서 첫 번째 조건에서 짜장면이 음식메뉴 목록에 있기 때문에 "짜장면이요"라는 값을 출력하고, 두 번째 조건도 검사해서 짬뽕이 음식메뉴 목록에 있기 때문에 "짬뽕드세요"라는 결과도 역시 출력한다. 하지만 if … elif 문을 사용하면 첫 번째 조건 if문의 조건식이 충족되면 두 번째 조건을 더 이상 검사하지 않는다. 따라서 '짜장면이요'만 출력된다. 첫 번째 조건 if문과 두 번째 조건 elif문에 해당되지 않는 나머지 else문에서는 목록에 요소가 없어서 "오늘 굶으세요"를 출력한다.

[in]

```
음식메뉴=['짜장면', '짬뽕']
if '짜장면' in 음식메뉴:
    print("짜장면이요.")
if '짬뽕' in 음식메뉴:
    print("짬뽕드세요.")
else:
    print("오늘 굶으세요")
```

[out]

짜장면이요.

짬뽕드세요.

[in]

```
음식메뉴=['짜장면', '짬뽕']
if '짜장면' in 음식메뉴:
    print("짜장면이요.")
elif '짬뽕' in 음식메뉴:
    print("짬뽕드세요.")
else:
    print("오늘 굶으세요")
```

[out]

짜장면이요.

[in]

```
음식메뉴=['짬뽕']
if '짜장면' in 음식메뉴:
    print("짜장면이요.")
elif '짬뽕' in 음식메뉴:
```

```
    print("짬뽕드세요.")
else:
    print("오늘 굶으세요")
```

[out]

짬뽕드세요.

[in]

```
음식메뉴=[]
if '짜장면' in 음식메뉴:
    print("짜장면이요.")
elif '짬뽕' in 음식메뉴:
    print("짬뽕드세요.")
else:
    print("오늘 굶으세요")
```

[out]

오늘 굶으세요

[in]

```
음식메뉴=['군만두']
if '짜장면' in 음식메뉴:
    print("짜장면이요.")
elif '짬뽕' in 음식메뉴:
    print("짬뽕드세요.")
else:
    print("오늘 굶으세요")
```

[out]

오늘 굶으세요

반복문 (for)

반복문은 똑같은 작업을 반복해서 수행하기를 원할 때 사용하는 제어문이다. 가장 사용빈도가 많은 for문의 경우 개별적으로 수행해야 할 작업을 하나의 명령어로 수행하게 한다. 예를 들어 음식메뉴에 있는 짜장면, 짬뽕, 군만두를 개별적으로 출력하려면 일일이 명령어를 따로 작성할 필요 없이 for문 하나로 그 작업을 반복해서 수행하게 한다. 리스트를 먼저 지정한 후 for문을 작성할 수도 있고, 일정한 범위를 갖는 데이터인 경우 range를 사용해서 수행하기도 한다. 이때 range(2, 6)은 첫 숫자가 2에서부터 6미만까지 범위의 숫자이다. for … continue는 for문의 코드를 실행하지 말고 다음 순서로 건너뛰고 계속하라는 뜻이다. 그래서 사례에서 짜장면을 건너뛰고 짬뽕부터 출력을 한다. 반면에 for … pass는 처음부터 작업을 수행하라는 뜻으로, 사례에서 맨 처음의 짜장면부터 작업을 수행한다.

```
[in]
for i in ['짜장면', '짬뽕','군만두']:
    print(i)

[out]
짜장면
짬뽕
군만두

[in]
음식메뉴=['짜장면', '짬뽕','군만두']
```

```
for i in 음식메뉴:
    print(i)
```

```
[out]
짜장면
짬뽕
군만두
```

```
[in]
for i in range(2, 6):
    for j in range(1, 5):
        print("{}+{}={}". format(i,j,i*j), end=" ")
    print("")
```

```
[out]
2+1=2 2+2=4 2+3=6 2+4=8
3+1=3 3+2=6 3+3=9 3+4=12
4+1=4 4+2=8 4+3=12 4+4=16
5+1=5 5+2=10 5+3=15 5+4=20
```

```
[in]
중국음식=['짜장면','짬뽕','군만두','탕수육','팔보채']
for 메뉴 in 중국음식:
    if "짜장면" in 메뉴:
        continue
    print(메뉴)
```

```
[out]
짬뽕
```

군만두
탕수육
팔보채

```
[in]
중국음식=['짜장면','짬뽕','군만두','탕수육','팔보채']
for 메뉴 in 중국음식:
    if "짜장면" in 메뉴:
        pass
    print(메뉴)
```

```
[out]
짜장면
짬뽕
군만두
탕수육
팔보채
```

04.

파이썬으로 하는 통계기초

1. 이 책에서 사용하는 데이터에 대한 설명

파이썬으로 텍스트 마이닝을 하기 위해서는 파이썬 코딩에 대한 기본적인 이해는 물론 통계분석의 기본 개념과 방법에 대해서도 기초 지식이 있어야 한다. 통계적 지식은 파이썬으로 하는 머신 러닝, 데이터 마이닝 등 데이터 과학의 토대이기도 하다(파이썬 기반 데이터 과학에 대해서는 Boschetti & Massaron, 2016/2018, Grus, 2015/2016 등 참조). 텍스트 마이닝은 기호학적 분석이나 담론분석과 같은 질적인 텍스트 분석과 달리, 텍스트를 일종의 비정형 데이터로 보고 문장을 단어 혹은 형태소(morpheme) 수준으로 분절시켜 수리적 분석이 가능하도록 변환시킨 후 통계적으로 분석하는 것이다. 따라서 이 책에서는 텍스트 마이닝에 필요한 기본적인 통계의 개념 및 그러한 통계분석을 파이썬으로 어떻게 수행하는가를 간략하게 설명한다. 숫자로 된 정형 데이터를 사용하여 통계분석하는 것을 설명하기 위해서 이 책에서는 스마트폰 사용에 대한 가상의 소비자 설문조사 데이터를 예제로 사용할 것이다. 예제로 사용하는 설문조사의 질문항목 중 이 책에서 분석대상이 된 변인은 다음과 같다. 괄호 안은 엑셀파일에서 변수이름이다.

□ 스마트폰 소비자 설문조사 자료의 질문항목

A. 현재 사용 중인 휴대폰에 대하여…

A1. 브랜드 이름(사용브랜드)
1) 삼성 2) 애플 3) 기타

A2. 사용기간(사용기간)
1) 1년 미만 2) 1-2년, 3) 2-3년, 4) 3-4년, 5) 4년 초과

A3. 구매장소(구매장소)
1) 전자기기 전문매장 (예: 하이마트), 2) 브랜드 대리점, 3) 브랜드 온라인 매장, 4) 인터넷 오픈마켓 (예: 옥션 등), 5) 전자상가 (예: 용산 테크노마트)

A4. 구매가격 ____________원(구매가격)

A5. 주요 정보원(정보획득)
1) 지인 2) 광고 3) 카탈로그 4) IT전문잡지 5) 매장 6) 판매원

A6. 구입에 대한 조언을 구하는 정도는?(구입조언)

1) 전혀 하지 않는다 2) 잘 하지 않는다 3) 보통이다 4) 약간의 조언을 구한다 5) 많은 조언을 구한다

B. 브랜드 평가 (동의하는 정도)

B6. 세련된(브랜드이미지)

1) 전혀 그렇지 않다 2) 그렇지 않다 3) 보통이다 4) 그렇다 5) 매우 그렇다

C. 브랜드 만족도

C5. 가격(가격만족도)

1) 매우 불만족 2 약간 불만족 3) 보통 4) 약간 만족 5) 매우 만족

D. 재구매의도(재구매의향)

1) 전혀 없다 2) 별로 없다 3) 보통이다 4) 약간 있다 5) 매우 많다

E. 구매중요도

E1. 메모리(구매중요도1_메모리)

1) 전혀 중요하지 않다 2) 별로 중요하지 않다 3) 보통이다 4) 약간 중요하다 5) 매우 중요하다

E2. 배터리(구매중요도2_배터리)

1) 전혀 중요하지 않다 2) 별로 중요하지 않다 3) 보통이다 4) 약간 중요하다 5) 매우 중요하다

E3. 카메라(구매중요도3_카메라)

1) 전혀 중요하지 않다 2) 별로 중요하지 않다 3) 보통이다 4) 약간 중요하

다 5) 매우 중요하다

E4. 처리속도(구매중요도4_처리속도)

1) 전혀 중요하지 않다 2) 별로 중요하지 않다 3) 보통이다 4) 약간 중요하다 5) 매우 중요하다

E5. 보안기능(구매중요도5_보안기능)

1) 전혀 중요하지 않다 2) 별로 중요하지 않다 3) 보통이다 4) 약간 중요하다 5) 매우 중요하다

E6. 운영체계 (안드로이드/ 구글)(구매중요도6_운영체계)

1) 전혀 중요하지 않다 2) 별로 중요하지 않다 3) 보통이다 4) 약간 중요하다 5) 매우 중요하다

E7. 디자인(구매중요도7_디자인)

1) 전혀 중요하지 않다 2) 별로 중요하지 않다 3) 보통이다 4) 약간 중요하다 5) 매우 중요하다

E8. 음질(구매중요도8_음질)

1) 전혀 중요하지 않다 2) 별로 중요하지 않다 3) 보통이다 4) 약간 중요하다 5) 매우 중요하다

E9. A/S(구매중요도9_AS)

1) 전혀 중요하지 않다 2) 별로 중요하지 않다 3) 보통이다 4) 약간 중요하다 5) 매우 중요하다

E10. 명성(구매중요도10_명성)

1) 전혀 중요하지 않다 2) 별로 중요하지 않다 3) 보통이다 4) 약간 중요하다 5) 매우 중요하다

G. 하루 사용시간(하루사용시간)

1) 1시간 미만 2) 1-3시간 3) 3-5시간 4) 5-7시간 5) 5-7시간 6) 7시간 초과

H. 인적 사항

H1. 성별 0) 여자 1) 남자 (성별)

H2. 연령(연령)

1) 10대 2) 20대 3) 30대 4) 40대 5) 50대 이상

H3. 학력(학력)

1) 초등학교 졸업 2) 중학교 졸업 3) 고등학교 졸업 4) 대학교 졸업 5) 대학원 졸업

H4. 직업(직업)

1) 단순노무/생산/단순기술직 2) 경영/관리직 3)전문직 4) 사무직 5) 판매/서비스직 6) 자영업자 7) 가정주부 8) 학생 9) 무직 10) 기타

H5. 결혼(결혼)

1) 미혼 2) 기혼 3) 기타

H6. 가족수 (본인포함)(가족수)

1) 1명 2) 2명 3) 3명 4) 4명 5) 5명 이상

2. 데이터 불러오기 및 데이터 프레임 변환

파이썬으로 텍스트 데이터 등을 불러와서 통계분석을 하기 위해서는 데이터를 불러와야 한다. 데이터를 불러와서 데이터 프레임 등을 변환하는 방법은 다음과 같다. 먼저 데이터 통계분석 및 시각화에 필요한 넘파이(numpy)나 판다스(pandas) 및 매트플롯리브(matplotlib) 같은 여러 패키지를 설치한다. 설문조사를 엑셀데이터로 만든 파일(spstat1.csv)을 불러온 후, 데이터를 알아보기 쉽게 하기 위해서 데이터 프레임을 다음과 같이 변환시켜 본다.

```
[in]
import numpy as np
import pandas as pd
import matplotlib.pyplot as plt
import seaborn as sns
from scipy.stats import chisquare
from scipy import stats
import scipy as sp
import statsmodels.api as sm
from statsmodels.formula.api import ols, logit, glm

[in]
df   =   pd.read_csv('spstat1.csv',   sep=',',   encoding='euc-kr',
engine='python') #데이터 불러오기

[in]
df
```

[out]

	번호	사용 브랜드	사용 기간	구매 장소	구매 가격	…	학력	직업	월 수입	결혼	가족 수
0	181	1	3	1	15	…	2	4	2	2	3
1	94	1	3	3	20	…	4	4	4	2	3
2	12	1	2	1	25	…	4	7	4	2	1
3	156	1	5	3	26	…	2	2	5	3	1
4	19	1	3	5	30	…	4	9	2	1	3
5	195	1	1	4	30	…	2	1	2	1	3

…이하 생략

252rows×29columns

[in]

df.head() 0행부터 4행까지, 그리고 헤더만 표시

[out]

	번호	사용 브랜드	사용 기간	구매 장소	구매 가격	…	학력	직업	월 수입	결혼	가족 수
0	181	1	3	1	15	…	2	4	2	2	3
1	94	1	3	3	20	…	4	4	4	2	3
2	12	1	2	1	25	…	4	7	4	2	1
3	156	1	5	3	26	…	2	2	5	3	1
4	19	1	3	5	30	…	4	9	2	1	3

5rows×48columns

[in]

df.tail(2) #마지막 2행만 표시

[out]

	번호	사용 브랜드	사용 기간	구매 장소	구매 가격	…	학력	직업	월 수입	결혼	가족 수
250	242	2	3	1	200	…	2	1	2	1	1
251	72	2	5	2	250	…	8	3	6	1	1

2rows×48columns

[in]

df[1:5] #1행부터 4행까지만 표시

[out]

	번호	사용 브랜드	사용 기간	구매 장소	구매 가격	…	학력	직업	월 수입	결혼	가족 수
1	94	1	3	3	20	…	4	4	4	2	3
2	12	1	2	1	25	…	4	7	4	2	1
3	156	1	5	3	26	…	2	2	5	3	1
4	19	1	3	5	30	…	4	9	2	1	3

4rows×29columns

[in]

df[:3] 0행부터 2행까지 표시

[out]

	번호	사용 브랜드	사용 기간	구매 장소	구매 가격	…	학력	직업	월 수입	결혼	가족 수
0	181	1	3	1	15	…	2	4	2	2	3
1	94	1	3	3	20	…	4	4	4	2	3
2	12	1	2	1	25	…	4	7	4	2	1

3rows×29columns

[in]

df[247:] 247행부터 끝까지 표시

[out]

	번호	사용 브랜드	사용 기간	구매 장소	구매 가격	…	학력	직업	월 수입	결혼	가족 수
247	137	2	2	5	200	…	7	8	2	1	2
248	226	2	3	5	200	…	6	4	6	2	2
249	98	2	5	1	200	…	6	4	3	2	2
250	242	2	3	1	200	…	2	1	2	1	1
251	72	2	5	2	250	…	8	3	6	1	1

5rows×29columns

[in]

df[['구매장소']] #구매장소 변인의 모든 값 표시

[out]

	구매장소
0	1
1	3
2	1
3	3
4	5
5	4
… (중략)	
249	1
250	1
251	2

252rows×1columns

[in]

```
df[df.columns[[1,4,5]]]  #1, 4, 5열 표시
```

[out]

	사용브랜드	구매가격	정보획득
0	1	15	1
1	1	20	4
2	1	25	1
3	1	26	4
4	1	30	6

… 후략

252rows×3columns

[in]

```
df.loc[:, '학력':'결혼']  #학력 변인부터 결혼 변인까지 표시
```

[out]

	학력	직업	월수입	결혼
0	2	4	2	2
1	4	4	4	2
2	4	7	4	2
3	2	2	5	3
4	4	9	2	1

… 후략

252rows×4columns

[in]

```
df.iloc[1:7,2:5] #1행부터 6행까지, 2열부터 4열까지
```

[out]

	사용기간	구매장소	구매가격
1	3	3	20
2	2	1	25
3	5	3	26
4	3	5	30
5	1	4	30
6	5	2	40

[in]

```
df.at[5, '구매가격'] #열번호, 행이름
```

[out]

30

[in]

```
df[df['구매가격']<50] #50미만
```

[out]

	번호	사용 브랜드	사용 기간	구매 장소	구매 가격	…	학력	직업	월 수입	결혼	가족 수
0	181	1	3	1	15	…	2	4	2	2	3
1	94	1	3	3	20	…	4	4	4	2	3
2	12	1	2	1	25	…	4	7	4	2	1

14rows×29columns

[in]

```
df[(df['구매가격']>150) & (df['구매가격']<200)]  #구매가격 변인 150 초과
```

200 미만 값 표시

[out]

	번호	사용 브랜드	사용 기간	구매 장소	구매 가격	…	학력	직업	월 수입	결혼	가족 수
233	206	2	3	4	160	…	5	8	1	1	3
234	140	2	3	4	170	…	4	2	5	1	4
235	128	2	5	4	180	…	1	9	3	3	2
236	25	2	3	5	180	…	6	4	5	1	4
237	149	2	2	3	182	…	4	4	6	2	2
238	244	2	4	1	190	…	4	4	2	2	4
239	90	2	3	2	190	…	4	4	5	1	4

7rows×29columns

[in]

```
df_columns=df.copy() #데이터 프레임 행 복사

df_columns.columns #데이터 프레임 행 확인
```

[out]

Index(['번호', '사용브랜드', '사용기간', '구매장소', '구매가격', '정보획득', '구입조언', '하루사용시간', '브랜드이미지', '가격만족도', '재구매의향', '구매중요도1_메모리', '구매중요도2_배터리', '구매중요도3_카메라', '구매중요도4_처리속도', '구매중요도5_보안기능', '구매중요도6_운영체계', '구매중요도7_디자인', '구매중요도8_음질', '구매중요도9_A/S', '구매중요도10_명성', '성별', '연령', '연령2', '학력', '직업', '월수입', '결혼', '가족수'], dtype='object')

[in]

```
df_columns.rename(columns='월수입': '경제수준', inplace=True) #변수 이름 변경

df_columns['실사용기간'] = df_columns['사용기간'] * 1.5 #변수값 x 1.5

df_columns.insert(6, '실제기간', df_columns['사용기간'] * 12) #6번째 새롭게 계산한 변수추가

del df_columns['실제기간']  #변수 삭제
```

3. 데이터 탐사와 통계분석 방법의 결정

본격적인 통계분석을 하기 전에 데이터의 전체적인 구조 및 각 변인의 현황, 변인 사이의 기본적인 관계들을 탐색하여 데이터의 초보적인 오류를 제거하는 데이터 탐사분석(DEA: Data Exploratory Analysis)을 수행할 필요가 있다. 데이터 탐사분석을 통해 각 변인들의 결측치(missing)나 이상치(outliers) 등을 색출하고, 정규분포성(normal distribution) 등 여러 분석의 기본 가정이 충족되었는지를 점검해볼 수 있다.

데이터 탐색을 위해서는 분석하고자 하는 변인들의 현황을 대략적으로 보여주는 기술통계를 통해 파악할 수 있다. 즉, 각 변인에 해당하는 사례수(cases)가 얼마나 되는가를 보여주는 빈도(frequency), 변인이 취하는 개별 점수의 최댓값(maximum)과 최솟값(minimum), 평균(mean), 그리고 평균으로부터 개별 점수들이 통상 얼마나 차이가 나

는가를 계산한 표준편차(SD: standard deviation), 점수의 분포가 횡적으로 얼마나 넓게 분포되어 있는가를 보여주는 왜도(skewness), 종적으로는 얼마나 뾰족하게 분포되어 있는가를 보여주는 첨도(kurtosis) 등의 기술통계를 통해 데이터를 탐색할 수 있다.

위에서 설명한 스마트폰에 대한 소비자 설문조사 데이터파일(spat1.csv)에서 주요 변인들인 '구매가격', '사용브랜드', '성별', '구매장소'에 대해서 파이썬으로 기술통계를 시행하는 코드 및 그 결과는 다음과 같다.

```
[in]
import numpy as np    #필요한 패키지 설치 및 데이터 불러오기
import pandas as pd
import matplotlib.pyplot as plt
import seaborn as sns
from scipy.stats import chisquare
from scipy import stats
import scipy as sp
import statsmodels.api as sm
from statsmodels.formula.api import ols, logit, glm

df=pd.read_csv('spstat1.csv', sep=',', encoding='euc-kr',
engine='python')
df.head()

[out]
```

번호	사용 브랜드	사용 기간	구매 장소	구매 가격	정보 획득	구입 조언	...	학력	직업	월 수입	결혼	가족 수
181	1	3	1	15	1	2		2	4	2	2	3
94	1	3	3	20	4	3		4	4	4	2	3
12	1	2	1	25	1	1		4	7	4	2	1
156	1	5	3	26	4	3		2	2	5	3	1
19	1	3	5	30	6	2		4	9	2	1	3

5rows×29columns

[in]

```
df['구매가격'].describe()  #구매가격 변인에 대한 기술통계
```

[out]

```
count    252.000000
mean     101.226190
std       38.654982
min       10.000000
25%       80.000000
50%      100.000000
75%      120.000000
max      250.000000
Name: 구매가격, dtype: float64
```

[in]

```
df['구매가격'].kurtosis()
```

[out]

```
1.3613500036652209
```

[in]

```
df['구매가격'].skew()

[out]
0.8074518614845148

[in]
from matplotlib import font_manager, rc, rcParams  #그래프에 필요한 
한글 폰트 깔기
rc('font', family='Malgun Gothic')
rcParams['font.family']

[out]
['Malgun Gothic']

[in]
df['사용브랜드'].value_counts()
df['사용브랜드'].value_counts()

[out]
1    127
2    125
Name: 사용브랜드, dtype: int64

[in]
%matplotlib inline
df['사용브랜드'].replace([1,2], ['삼성', '애플']).value_counts().
plot(kind="bar")

[out]
```

〈matplotlib.axes._subplots.AxesSubplot at 0x2bae7963860〉

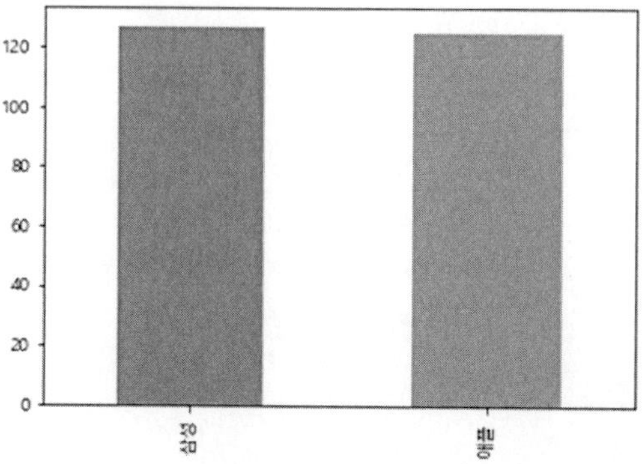

[in]

```
df['성별'].value_counts()
%matplotlib inline
df['성별'].value_counts().plot(kind="pie")
```

[out]

〈matplotlib.axes._subplots.AxesSubplot at 0x2bae78c5d30〉

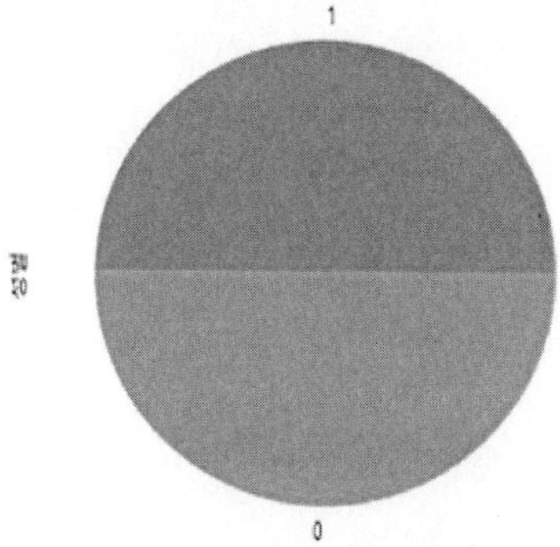

```
[in]
%matplotlib inline
df['구매장소'].value_counts().plot(kind="pie")

[out]
<matplotlib.axes._subplots.AxesSubplot at 0x2bae7743f98>
```

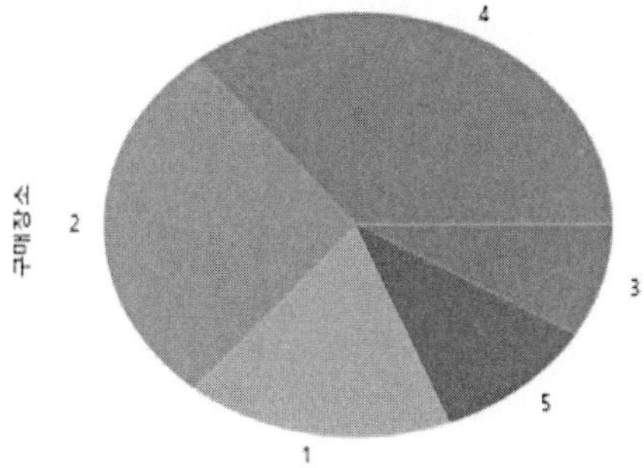

데이터 탐사분석을 위한 기술통계를 시행했으면 변인들의 관계를 규명하기 위해서 분석대상이 되는 변인들의 성격에 맞게 통계기법을 적용하여 분석한다. 변인은 측정하는 척도에 따라서 명목척도, 서열척도, 등간척도, 비율척도의 4가지로 구분한다.

명목척도(nominal scale)는 '성별'을 측정할 때 남성과 여성, '구매장소'를 측정할 때 전자기기 전문매장, 브랜드 대리점, 인터넷 오픈마켓처럼 단순히 범주적으로 구분만 하는 수준의 측정척도이다. 서열척도(ordinal scale)는 명목척도에 어느 정도의 서열이 있는 수준의 척도이다. 예를 들어 응답자의 '교육수준'을 중학교 졸업 이하, 고등학교 졸업, 대학교 졸업, 대학원졸업 이상처럼 어느 정도의 순서가 있는 수준에서 측정하는 것이다.

등간척도(interval scales)는 서열척도에서 각 측정값 사이에 일정한 간격이 있는 척도로, 재구매의향을 질문할 때 1점(전혀 없다)부터 5점(매우 많다)까지의 점수로 측정하는 것이다. 비율척도(ratio scale)는 등간척도에 절대영점의 속성이 더 추가된 수준의 측정으로, 스마트폰 구매가격을 원으로 측정한 변인이 그 사례이다. 절대영점이 없는 등간척도에서는 재구매의향 변인의 4점이 비율적으로 2점의 2배라고 간주할 수 없지만, 절대영점이 있는 비율척도인 구매가격에서는 20만 원이 10만 원의 2배라고 간주할 수 있다. 만약 구매가격을 측정할 때 구매금액을 응답자가 직접 쓰지 않고, 1) 10만 원 미만, 2) 10만 원~30만 원, 3) 30만 원~50만 원, 4) 50만 원~100만 원, 5) 100만 원 초과로 서열이 있는 선택지를 주고 선택하게 했다면 그때는 서열척도로 측정한 것이 된다. 즉 동일한 사항이라도 다른 척도로 측정할 수 있다.

독립변인 —> 종속변인		종속변인	
		불연속 변인	연속 변인
독립변인	불연속 변인	교차분석(x^2 검정)	t–검정, 분산분석
	연속 변인	군집분석	상관분석, 회귀분석

4가지 수준의 척도에서 명목척도와 서열척도로 측정한 변인들은 질적/ 불연속 / 분류적 변인이고, 등간척도와 비율척도로 측정한 변인은 양적 / 연속적 / 수량적 변인이다. 독립변인과 종속변인이 무엇이냐에 따라 그에 적합한 통계기법을 적용해야 한다. 이를 정리하면 표와 같다. 많이 활용되는 교차분석, t-검정, 분산분석, 상관분석, 회귀분석에 대해서 살펴본다. 군집분석은 뒤의 군집분석 부분에서 별도로

설명하겠다.

4. 파이썬으로 하는 통계분석

교차분석(x^2 검정)

교차분석은 독립변인과 종속변인이 모두 명목척도 혹은 서열척도로 측정한 불연속 변인일 때 적용하는 통계방법이다. 사례 데이터에서 응답자의 스마트폰 '사용브랜드'에 따라 '월수입'에 차이가 있는지, 그리고 '성별'에 따라 '구매장소'에 차이가 있는지를 분석할 때 교차분석을 적용한다. 이 경우 독립변인인 '성별'과 '사용브랜드', 그리고 종속변인인 '구매장소'는 모두 명목척도로 측정한 불연속 변인이다. 이 사례에서 '월수입'을 1) 100만 원 미만, 2) 100~200만 원 이하, 3) 200~300만 원 이하, 4) 300~400만 원 이하, 5) 400~500만 원 초과의 서열척도로 측정했기 때문에 불연속 변인이다. 만약 월수입을 '200만 원'처럼 응답자가 직접 원 단위로 응답했다면 비율척도로 측정한 연속변인이 되어 교차분석을 적용하는 것은 부적합하다.

교차분석은 관찰빈도와 기대빈도(또는 가설화된 빈도)를 비교하여 카이제곱값(x^2)을 통해 통계적으로 검정한다. 카이제곱값은 각 집단별 실제의 관찰값에서 원래의 기댓값을 빼고 그 값을 제곱한 후 그것을 기댓값으로 나눈 것들의 총합으로 공식은 다음과 같다.

$$E = \frac{(C \times R)}{N} \qquad x^2 = \sum \frac{(O-E)^2}{E}$$

여기에서 E는 기대빈도로서, 이는 행과 열의 각 빈도 합을 곱셈한 후 총 빈도수로 나눈 것이다. C와 R은 각각 행과 열에 속한 케이스의 총합이며, N은 케이스의 총합이고 O는 관찰빈도를 나타낸다. 따라서 검증 통계량인 x^2은 관찰빈도인 O와 기대빈도인 E의 차이를 제곱한 후 기대빈도로 나눈 값을 합산한 값이다. 교차분석 결과 카이제곱값이 통계적으로 유미의한 차이가 있는 것으로 나타난다면 독립변인에 따라 종속변인의 빈도분포가 통계적으로 차이가 있다고 간주한다.

다음은 교차분석을 하는 파이썬 코드와 그 분석결과이다. 첫 번째의 사용브랜드에 따른 월수입 차이에 대한 교차분석 결과 카이제곱값이 1669.5로 95%유의수준에서 통계적으로 유의미한 차이가 있는 것으로 해석할 수 있다. 두 번째 사례에서 성별에 따라 구매장소의 차이가 있는가에 대한 교차분석 결과 카이제곱값이 148.31로 95%유의수준에서 통계적으로 유의미한 차이가 없는 것으로 해석할 수 있다.

```
[in]
pd.crosstab(df['월수입'], df['사용브랜드'])

[out]
사용브랜드    1     2
월수입
      1     20    13
      2     14    22
      3     28    24
      4     20    17
      5     12    28
      6     33    21
```

[in]

```
chisquare(df['월수입'], df['사용브랜드'])
```

[out]

```
Power_divergenceResult(statistic=1669.5,
pvalue=1.1235911043911511e-207)
```

[in]

```
pd.crosstab(df['구매장소'], df['성별'])
```

[out]

```
성별  0     1
구매장소
   1     24    19
   2     42    29
   3     9     13
   4     38    52
   5     13    13
```

[in]

```
chisquare(df['구매장소'], ddof=[0,1])
```

[out]

```
Power_divergenceResult(statistic=148.31174089068827,
pvalue=array([0.99999996, 0.99999995]))
```

t-검정

t-검정은 독립변인이 불연속변인이고 종속변인이 연속변인일 때 적

용하는데, 독립변인의 집단이 2개일 때만 적용한다. 사례에서 명목변인인 '사용브랜드'(삼성 대 애플)에 따라 비율변인인 '구매가격'과 등간변인인 '재구매의향'에 통계적으로 의미있는 차이가 있는가를 분석한다. t-검정에도 몇 가지가 있는데 여기서는 독립표본검증을 시행한다. t-검정의 기본 논리도 카이제곱 검정과 비슷하다. 두 집단의 연속적인 변인의 평균값이 원래 기대했던 것과 실제 관찰된 값 사이의 관계를 통해 검정을 하는데, 두 집단 간 평균의 차이 대 집단 변화량 사이의 비율이다. 이 공식에서 분자는 표본의 평균과 가설화된(즉, 원래 기대한) 모집단 평균과의 차이이고 분모는 평균에 대한 표준오차의 추정치이다. 공식은 아래와 같다.

$$t = \frac{\text{두 집단 간 평균 차이}}{\text{집단의 변화량}} = \frac{\overline{X_1} - \overline{X_2}}{s(\overline{X_1} - \overline{X_2})}$$

$$s(\overline{X_1} - \overline{X_2}) = \sqrt{\frac{s_1^2}{n_1} + \frac{s_2^2}{n_2}}$$

여기에서 $\overline{X}_1$과 $\overline{X}_2$은 각각 집단1과 집단2의 평균이고, $s(\overline{X}_1-\overline{X}_2)$에서 s는 표준오차이며, 따라서 $s(\overline{X}_1-\overline{X}_2)$ 두 집단 평균 차이에 대한 표준오차를 나타낸다. 이때 $s(\overline{X}_1-\overline{X}_2)$ 공식에서 n_1과 n_2는 각 표본의 크기를 나타낸다. 이 공식에 따르면 $s(\overline{X}_1-\overline{X}_2)$는 각 집단의 변화량, 즉 분산을 각 집단 크기로 나눈 후 합산한 값에 루트($\sqrt{\ }$)를 씌운 것으로 간략하게 이해할 수 있다.

독립표본 검정을 할 때는 독립변인의 두 집단 사이에 균등하게 분산이 이루어졌는가를 먼저 검정한다. 사용브랜드에 따른 구매가격 차이를 검정할 때 먼저 사용브랜드의 두 집단인 삼성 브랜드 사용 응답자와 애플 브랜드를 사용하는 응답자 사이에 등분산(equal distribution) 가정이 충족되는가를 검증한 결과 레벤(Levene) 검정결과 값이 13.44로 통계적으로 유의미한 차이가 있었다(p=.00). 따라서 등분산가정을 전제하지 않고 (equal_var=False) 검정한 t값은 −9.20로 통계적으로 유의미한 차이(p=.00)가 있다고 해석된다. 앞의 기술통계에서 보면 삼성 사용자보다 애플 사용자의 구매가격이 더 높았다. 사용브랜드에 따른 재구매의향의 차이를 검정해 보면 먼저 레벤테스트 결과 등분산가정이 충족되었다(Leven값=.117, p=.73). 등분산 가정이 충족된 것을 전제(equal_var=True)로 재구매의향의 차이를 검정한 결과 통계적으로 유의미한 차이가 없었다(t=-.08, p=.93).

```
[in]
mean=df['구매가격'].values
mean1=df[df['사용브랜드']==1].구매가격.values
mean2=df[df['사용브랜드']==2].구매가격.values

%matplotlib inline


sns.distplot(mean1, kde=True, fit=sp.stats.norm)
sns.distplot(mean2, kde=True, fit=sp.stats.norm)
plt.show()
sp.stats.shapiro(mean1) #H0: Normal Distribution을 따름, Return(W,
P-value)

[out]
```

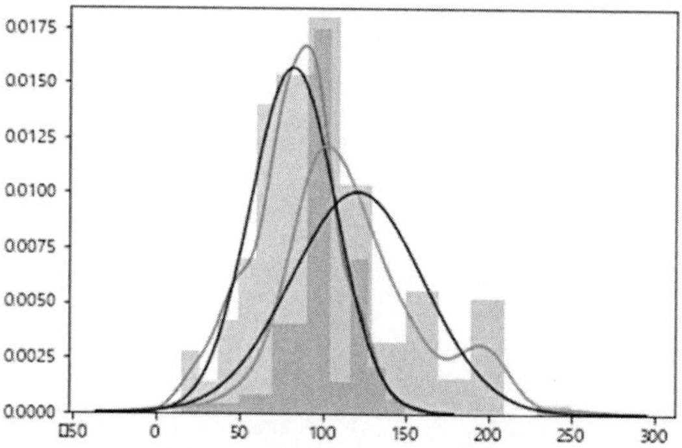

(0.9720979928970337, 0.009973179548978806)

[in]

sp.stats.levene(mean1, mean2) #H0: Normal Distribution을 따름, Return(W, P-value)

[out]

Levene Result(statistic=13.443717170975082,
pvalue=0.00030027808643848084)

[in]

stats.ttest_ind(mean1, mean2, equal_var=False) #Independent 2-sample t-test

[out]

Ttest_indResult(statistic=-9.2004623883404,
pvalue=3.598124628532717e-17)

[in]

```
mean=df['재구매의향'].values
mean1=df[df['사용브랜드']==1].재구매의향.values
mean2=df[df['사용브랜드']==2].재구매의향.values
```

[in]

```
%matplotlib inline

sns.distplot(mean1, kde=False, fit=sp.stats.norm)
sns.distplot(mean2, kde=False, fit=sp.stats.norm)
plt.show()
sp.stats.shapiro(mean1) #H0: Normal Distribution을 따름. Return(W, P-value)
```

[out]

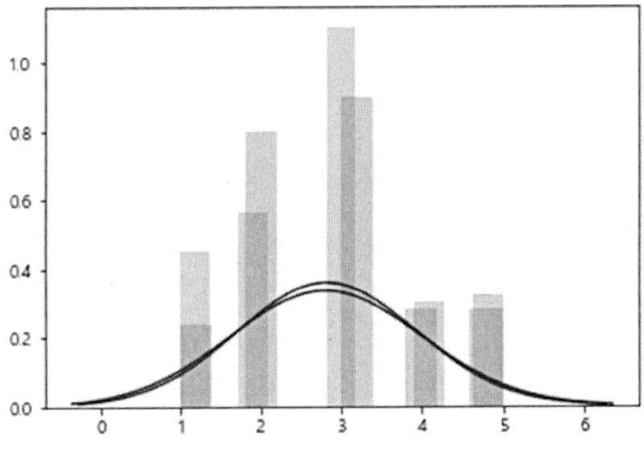


```
(0.8974907994270325, 7.541181901160598e-08)
```

[in]

```
sp.stats.levene(mean1, mean2) #H0: Normal Distribution을 따름.
```

```
Return(W, P-value)

[out]
LeveneResult(statistic=0.1179597504462619,
pvalue=0.7315465812585951)

[in]
stats.ttest_ind(mean1, mean2, equal_var=True) #Independent
2-sample t-test

[out]
Ttest_indResult(statistic=-0.0891603787635918,
pvalue=0.9290258377820513)
```

분산분석 (ANOVA)

t-검정이나 분산분석(ANOVA: Analysis of Variance)은 종속변인이 연속변인이고 독립변인이 불연속 변인일 때일 때 적용하는 것은 동일하지만, t-검정은 독립변인의 집단이 2개일 때 적용하고 분산분석은 3개 집단 이상일 때 적용한다. 분산분석은 F값을 통해서 검정한다. F값은 집단 간 분산(변화량 혹은 변량)과 집단 내 분산과의 관계를 통해 계산한다. 집단 간 분산이란 각 집단의 전체 평균에 대한 분산이며, 집단 내 분산은 각 집단 내에서 집단 내 평균에 대한 분산이다. F의 논리는 집단 간의 차이가 없다면 집단 간 분산과 집단 내 분산이 같다는 의미이고, 집단 내 분산이 집단 간 분산보다 클수록 각 집단은 차이가 있다고 간주한다. F를 구하는 공식은 다음과 같다.

$$SS_{집단전체} = \sum(\overline{Y_{ij}} - \overline{Y})^2 \quad SS_{집단간} = \sum(\overline{Y_j} - \overline{Y})^2 \quad SS_{집단내} = \sum(Y_{ij} - \overline{Y_j})^2$$

$$F = \frac{\frac{SS_{집단간}}{df_{집단간}}}{\frac{SS_{집단내}}{df_{집단내}}} = \frac{MS_{집단간}}{MS_{집단내}}$$

여기에서 SS는 Sum of Square로서 제곱 합을 나타낸다. Y_{ij}에서 첨자 i는 각 사례를, j는 집단을 나타낸다. $df_{집단간}$과 $df_{집단내}$는 각각 집단 간, 그리고 집단 내 변화량의 자유도를 나타낸다. $SS_{집단간}$은 각 케이스의 종속변인 Y 관찰값의 총 평균($\overline{Y}$)으로부터 각 집단 평균($\overline{Y_j}$)의 차이를 합산한 것이다. $SS_{집단내}$는 각 집단 간 평균($\overline{Y_j}$)과 각 집단 내 모든 사례가 갖는 종속변인의 Y 관찰값(Y_{ij}) 간 거리를 합산한 것이다. $MS_{집단간}$은 $SS_{집단간}$을 자유도인 $df_{집단간}$으로 나눈 값인 반면, $MS_{집단내}$는 $SS_{집단내}$를 자유도인 $df_{집단간}$으로 나눈 통계량이다.

사례에서는 연령을 1) 10-20대, 2) 30-40대, 3) 50대 이상의 3개 집단으로 구분하여 '연령2'라는 새로운 변인을 만든다. 연령2의 3개 집단 사이에 현재 사용하고 있는 스마트폰에 대해 재구매의향이 차이가 있는가, 그리고 스마트폰 구매금액이 차이가 있는가를 살펴본다. 이때 전체 재구매의향/ 구매금액 평균값과 3개 집단 각각의 재구매의향/ 구매금액 평균값 사이의 변화량 차이(=집단 간 분산), 그리고 3개 집단 각각의 재구매의향/ 구매금액 평균값과 각 집단 내 사례들 사이의 재구매의향/ 구매금액 변화량 차이(=집단 내 분산), 이 두 값의 관계를 통해 3개 집단의 평균값이 차이가 있는가를 본다. 분산분산 결과 3개 집단 사이에 재구매의향의 평균값은 차이가 있지만($F=72.42$, $p=.00$), 반면에 구매가격은 차이가 없는 것($F=0.81$, $p=.44$)으로 나타났다. 3집단 사이에 재구매의향에 차이가 있는 것으로 나타나면 구체적으로 어느 집단 사이에 차이가 있는가를 사후검정(post hoc test)을 통해 밝혀야 한다. 이때 사후검정 방법에는 투키(tukey), 본페로니(bonferroni), 셰페(scheffe) 등 여러 가지가 있는데 여기서는 투키를 써서 검정했다. 투키 검정결과 1집단(10~20대 응답자)과 3집단(50대 이상 응답자), 그리고 2집단(30~40대 응답자)과 3집단 사이에 재구매의향에 차이가 있는 것으로 드러났다.

```
[in]
anova1=df[df['연령2']==1].재구매의향.values
anova2=df[df['연령2']==2].재구매의향.values
anova3=df[df['연령2']==3].재구매의향.values
```

```
[in]
sns.distplot(anova1, kde=False, fit=sp.stats.norm)
sns.distplot(anova2, kde=False, fit=sp.stats.norm)
sns.distplot(anova3, kde=False, fit=sp.stats.norm)
plt.show()
```

[out]

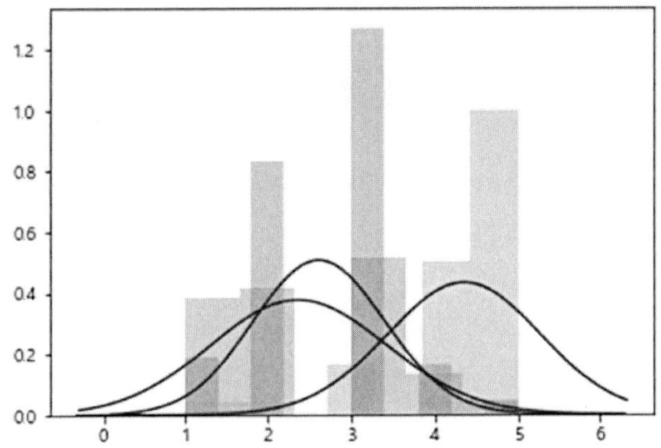

[in]

```
stats.f_oneway(anova1, anova2, anova3)
```

[out]

```
F_onewayResult(statistic=72.42612494637737,
pvalue=1.613686022426391e-25)
```

[in]

```
from statsmodels.stats.multicomp import pairwise_tukeyhsd

tukey=pairwise_tukeyhsd(endog=df['재구매의향'],     #Data
                        groups=df['연령2'],  #Groups
                        alpha=0.05)          #Significance level

tukey.summary()
```

[out]

Multiple Comparison of Means–Tukey HSD,FWER=0.05

group1	group2	meandiff	lower	upper	reject
1	2	0.25	–0.0526	0.5526	False
1	3	1.9905	1.5849	2.396	True
2	3	1.7405	1.3514	2.1295	True

[in]

```
tukey.plot_simultaneous()    #Plot group confidence intervals
plt.vlines(x=49.57,ymin=–0.5,ymax=4.5, color="red")
plt.show()
```

[out]

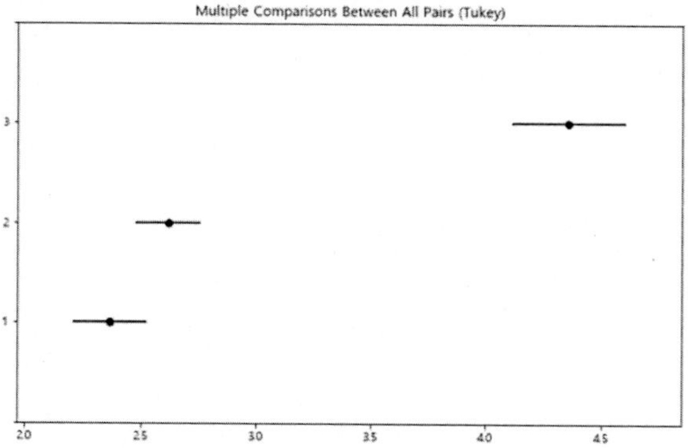

[in]

```
anova1=df[df['연령2']==1].구매가격.values
anova2=df[df['연령2']==2].구매가격.values
anova3=df[df['연령2']==3].구매가격.values
stats.f_oneway(anova1, anova2, anova3)
```

```
[out]
F_onewayResult(statistic=0.8181036982598708,
pvalue=0.44245014422691564)
```

```
[in]
sns.distplot(anova1, kde=False, fit=sp.stats.norm)
sns.distplot(anova2, kde=False, fit=sp.stats.norm)
sns.distplot(anova3, kde=False, fit=sp.stats.norm)
plt.show()
```

```
[out]
```

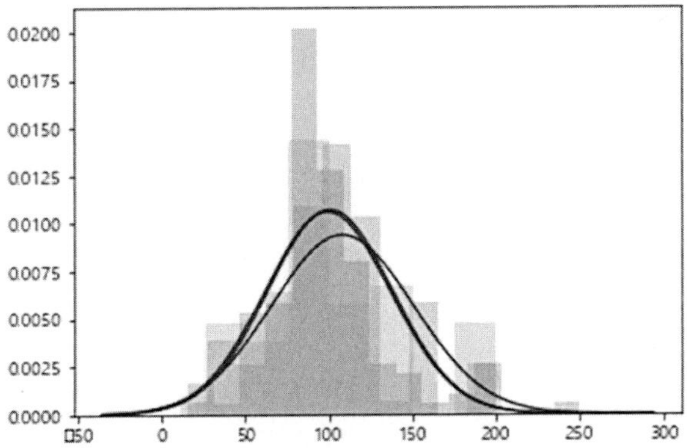

상관분석

상관분석은 독립변인과 종속변인이 모두 연속변인일 때 서로 어느 정도의 관련성이 있는가를 살펴볼 때 적용한다. 상관관계에서는 엄밀하게 무엇이 독립변인이고 종속변인인가를 정하기는 어려운 측면이 있고, 여러 변인들 사이에 서로 어떤 관련성이 있는가를 규명할 뿐이다. 상관관계에도 여러 가지가 있지만 가장 많이 사용하는 상관계수(correlation coefficient)는 피어슨 r(Pearson's r)값으로 검정하는 것이다. r을 구하는 공식은 다음과 같다.

$$r=\frac{\sum(Z_X Z_Y)}{n} \qquad Z_{X_i}=\frac{X_i-M}{SD}$$

여기서 Σ(시그마)는 모든 값을 합산하는 것을 나타내며, Z_x와 Z_y는 변인 X와 Y의 표준화 점수(standardized score, 또는 Z-score)다. 원래의 응답점수 대신 표준화 점수를 사용한 이유는 각 변인에 대한 척도가 다를 수 있기 때문에 척도를 표준화시켜 주려는 것이다. 표준화 점수를 계산하는 공식에서 M은 변인 X의 평균이고, SD는 변인 X의 표준편차다.

상관관계를 분석할 때는 r값과 유의확률을 본다. 우선 상관계수 r값을 통해 변인 간 상관관계의 방향성과 강도를 알 수 있다. r값이 양수(+)이면 한 변인의 값이 증가할 때 다른 변인의 값도 증가하는 긍정적인 상관관계이고, 음수(-)이면 한 변인의 값이 증가할 때 다른 변인의 값은 감소하는 부정적 상관관계이다. 또 r값은 상관관계가 전혀 없는 0에서부터 서로 완전히 일치하는 1 사이의 값을 가진다. 대체로 r값이 0.7 이상이면 강한 상관관계이며 0.3 이하이면 약한 상관관계로 본다. 그리고 그러한 r값이 통계적으로 유의미한지는 p값으로 확인한다.

다음은 사례 데이터에서 스마트폰을 구매할 때 주변으로부터 조언을 구하는 정도인 '구입조언' 변인과 '재구매의향' 변인 사이에 어느 정도의 상관관계가 있는가를 분석한 것이다. 분석결과 중간 정도의 긍정적인 상관성을 가지며(correlation coefficient=0.41), 이는 통계적으로 유의미한 수준이다(p=.00). 상관관계 분석은 여러 변인들을 한꺼번에 분석할 수 있다. 도표는 여러 변인들 사이의 상관관계를 보여준다.

```
[in]
sp.stats.pearsonr(df['재구매의향'], df['구입조언'])

[out]
(0.41783620648818554, 4.5460753882725105e-12)

[in]
corr=sp.stats.pearsonr(df['재구매의향'], df['구입조언'])
print('correlation coefficient=%.3f, p-value=%.3f' %(corr))

[out]
correlation coefficient=0.418, p-value=0.000

[in]
df.corr(method='pearson')

[out]
```

	사용브랜드	사용기간	…	월수입	결혼	가족수
사용브랜드	1.000000	0.015513		0.000946	0.011505	−0.012989
사용기간	0.015513	1.000000		0.170708	0.200593	−0.031246
…(중략)						
월수입	0.000946	0.170708		1.000000	0.324409	−0.032161
결혼	0.011505	0.200593		0.324409	1.000000	−0.095499
가족수	−0.012989	−0.031246		−0.032161	−0.095499	1.000000

29rows×29columns

회귀분석

회귀분석은 상관분석과 마찬가지로 독립변인과 종속변인이 모두 연속변인일 때 적용하는 통계분석 기법이다. 이때 변인들이 불연속 변인인 경우에는 0과 1의 두 값을 가진 가변인(dummy variable)으로 변환하여 연속변인인 것처럼 간주하여 분석한다. 상관관계에서는 여러 변인들 사이의 상관관계를 규명하는 것이기 때문에 인과성을 따지기 어려워서 무엇이 독립변인이고 종속변인인가를 정하지 않는다. 즉 두 변인이 함께 변화하는 정도를 나타낸 것이며, 상관계수 r도 두 변인이 공통으로 갖고 있는 변량을 지수화한 것이다.

그런데 두 변인이 함께 변화하는 정도가 아니라, 하나(혹은 여러 개)의 변인이 특정값을 가질 때 그것과 관계 있는 다른 변인의 값을 예측하고자 할 때 회귀분석을 적용한다. 즉, 회귀분석은 하나 혹은 여러 독립변인이 하나의 종속변인에 어떤 영향을 미치는지 그 인과관계를 규명한다. 물론 이때에도 단일 시점에서 취합한 설문조사 결과처럼 시간적 선후관계가 없는 횡단면적 데이터(cross-sectional data)인 경우 엄밀한 의미에서 인과관계를 주장하기는 어렵다. 하지만 기존의 이론이나 많은 사례가 두 변인 간의 선후관계를 지지하고 다른 요인에 의한 가외적 영향을 배제할 수 있을 때 합리적 추론에 의해 인과관계를 상정할 수 있다.

독립변인 x와 종속변인 y 사이의 인과관계를 예측하는 회귀분석은 다음과 같은 회귀방정식과 회귀선으로 표시한다. 이때 회귀선에서 절편에 해당하는 a는 상수이고 기울기에 해당하는 b값이 회귀계수이다. 회귀선에서 기울기에 해당하는 회귀계수 b 값을 구하는 공식은 다음과 같다.

$$y = a + bx$$

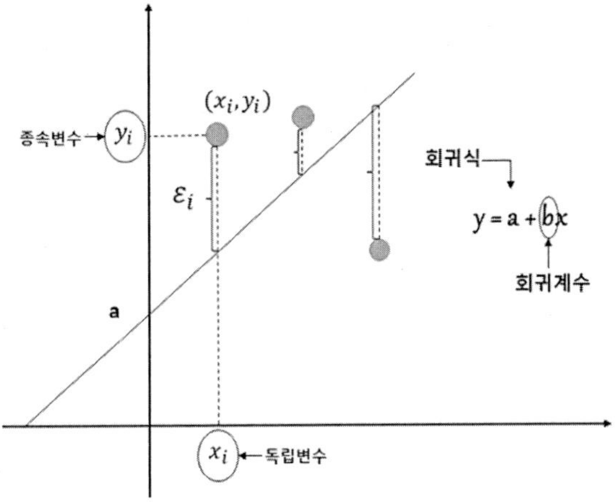

$$b = \frac{\sum_{i=1}^{N}(X_i - \overline{X})(Y_i - \overline{Y})}{\sum_{i=1}^{N}(X_i - \overline{X})^2}$$

$$= \frac{cov(X, Y)}{var(X)} = \frac{S_{xy}}{S^2_x} = r_{xy}\frac{S_y}{S_x}$$

여기서 분자는 x와 y의 공분산이고 분모는 x의 분산으로, 회귀계수 b값은 분모로 분자를 나눈값이다. 이는 다시 y의 표준편차를 x의 표준편차로 나눈 이후에 이 값을 xy의 상관계수에 곱한값이다.

S_{xy} = x와 y의 공분산

S_x = x의 표준편차

S_y = y의 표준편차

통계분석에서는 독립변인이 하나인 단순회귀분석보다는 독립변인이 여러 개인 다중회귀분석이 실질적으로 많이 사용된다. 다중회귀분석의 회귀방정식은 다음과 같이 표현한다.

$$y = a + b_1x_1 + b_2x_2 + b_3x_3 + \dots + b_nx_n$$

이때 회귀계수 $b_1, b_2, b_3 \cdots$ 등은 각 독립변인 x_1, x_2, x_3 등의 회귀계수들이 종속변인 y를 얼마나 예측하는지, 즉 어느 정도 영향을 미치는가를 나타낸다. 회귀계수는 비표준화 회귀계수(B)와 표준화된 회귀계수(β)가 있다. 비표준화 계수는 해당 독립변인의 값이 한 단위 변할 때마다 종속변인이 몇 단위 변하는가를 나타내며, 표준화 계수는 독립변수마다 단위가 다른 값을 표준화하여 상대적인 영향의 정도를 비교할 수 있도록 했다. 표준화계수는 −1부터 1사이의 값을 가지며, 회귀방정식의 모든 표준화계수의 절댓값을 전부 합한 값은 1이 된다.

사례 데이터에서 성별, 연령, 학력, 월수입, 사용기간, 구매가격, 구입조언, 브랜드이미지, 가격만족도, 구매중요도1_메모리, 하루사용시간의 11개 독립변인이 종속변인인 재구매의향에 얼마나 영향을 미치는가를 다중회귀분석해 보자. 분석결과를 보려면 먼저 회귀방정식이 통계적으로 유의미한가를 ANOVA(분산분석)의 F값을 통해 검토해야 한다. 여기서 F값은 회귀방정식으로 예측된 (설명된) 변량이 예측되지 않은(설명되지 않은) 변량보다 유의하게 커서 그 값이 우연에 의해서 얻어졌을 확률이 적다는 뜻이다. 분석결과 F값이 51.44로 통계적으로 유의미한 차이가 있는 것으로 나타났기 때문에 이 회귀방정식이 통계적으로 유의미하다고 인정할 수 있다. R^2은 이러한 회귀방정식의 설명력을 표시하는 것으로 여기서는 독립변인들의 변량이 종속변인의 변량을 70.2% 설명하고 있다.

회귀방정식에 투입된 11개의 독립변인 중에서 사용기간, 구입조언, 브랜드이미지, 가격만족도의 4가지 변인의 표준화 계수값(coef β)이 각각 0.1292 (p=.000), 0.1206(p=.015), 0.4527(p=.000), 0.3961(p=.000)으로 종속변인인 구매의도에 통계적으로 유의미한 영향을 미친 것으로 나타났다. 즉, 응답자가 현재 사용하고 있는 스마트폰 브랜드에 대해서 그 사용기간이 길수록, 구입할 때 주변의 조언을 많이 참고할수록, 브랜드이미지가 세련되었다고 평가할수록, 브랜드 가격에 만족할수록 재구매의향이 높았다. 다음은 다중회귀분석하는 파이썬 코드와 그 결과이며 이 중에서 독립변인인 사용기간과 종속변인인 재구매의향의 관계를 그래프로 표시한 것이다.

```
[in]
ols(formula='재구매의향 ~ 성별+연령+학력+월수입+사용기간+구매가격+구입조언+브랜드이미지+가격만족도+구매중요도1_메모리+하루사용시간', data=df).fit().summary()
```

```
[out]
OLS Regression Results
```

Dep. Variable:	재구매의향	R-squared:	0.702
Model:	OLS	Adj. R-squared:	0.689
Method:	Least Squares	F-statistic:	51.44
Date:		Prob (F-statistic):	7.46e-57
Time:	20:32:57	Log-Likelihood:	-240.30
No. Observations:	252	AIC:	504.6

Df Residuals:	240	BIC:	547.0
Df Model:	11		
Covariance Type:	nonrobust		

	coef	std err	t	P>|t|	[0.025	0.975]
Intercept	−0.1580	0.226	−0.699	0.485	−0.603	0.287
성별	0.0573	0.085	0.672	0.502	−0.111	0.225
연령	0.0503	0.047	1.071	0.285	−0.042	0.143
학력	0.0062	0.025	0.246	0.806	−0.043	0.056
월수입	−0.0368	0.027	−1.372	0.171	−0.090	0.016
사용기간	0.1292	0.034	3.807	0.000	0.062	0.196
구매가격	3.583e−06	0.001	0.003	0.997	−0.002	0.002
구입조언	0.1206	0.049	2.459	0.015	0.024	0.217
브랜드이미지	0.4527	0.044	10.261	0.000	0.366	0.540
가격만족도	0.3961	0.052	7.626	0.000	0.294	0.498
구매중요도1_메모리	−0.0426	0.028	−1.538	0.125	−0.097	0.012
하루사용시간	−0.0010	0.031	−0.033	0.974	−0.062	0.060

Omnibus:	4.865	Durbin−Watson:	2.144
Prob(Omnibus):	0.088	Jarque−Bera (JB):	4.345
Skew:	−0.249	Prob(JB):	0.114
Kurtosis:	2.592	Cond. No.	611.

[in]

```
from matplotlib import font_manager, rc, rcParams
rc('font', family='Malgun Gothic')
rcParams['font.family']
```

[out]

['Malgun Gothic']

[in]

```
sns.lmplot(y='재구매의향', x='사용기간', data=df)
```

[out]

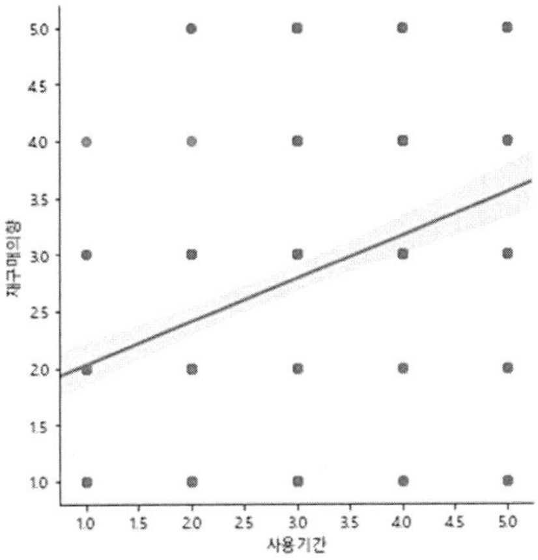

실습용 예제

지속가능성 보고서에 대해 내용분석한 CSV 데이터(SMB4.csv)를 사용하여 파이썬으로 통계분석하라

분석대상 변인: 정보공시, 국가, 발간연도 등

분석 기법: 기술통계, 교차분석, t-검정, 분산분석, 상관분석, 회귀분석

05.

텍스트 수집하기

텍스트 분석을 하려면 먼저 방대한 텍스트 데이터를 수집해야 한다. 최근에는 공공데이터 포털(https://www.data.go.kr)처럼 수치로 된 대용량의 정형 데이터를 제공하거나 프로젝트 구텐베르크(PG: Project Gutenberg)처럼 수만 권의 책을 여러 가지 형태의 파일로 무료로 제공하는 곳(http://www.gutenberg.org)이 늘어나 데이터를 손쉽게 구할 수 있다. 하지만 여전히 필요로 하는 텍스트 데이터를 직접 수집해야 하는 경우가 많다. 텍스트 데이터를 수집하는 방법에는 여러 가지가 있다. 특히 인터넷 SNS 등에 수많은 텍스트 데이터가 넘쳐나면서 뷰티풀 수프(Beautiful Soup) 같은 파이썬 라이브러리를 활용하여 데이터를 수집하는 웹 크롤링(web crawling) 혹은 웹스크래핑(web scrapping)이 데이터 과학의 매우 중요한 영역이 되었고 그것만을 설명한 책도 많이 있다(박정태, 2018, 이원하, 2017, Mitchell,

2015/2016). 여기에서는 엑셀을 이용하여 손쉽게 데이터를 수집하는 방법, 공개 API를 이용하여 블로그의 텍스트를 수집하는 방법, 공공데이터 포털에서 수집하는 방법, 그리고 특히 언론기사를 제공하는 한국언론진흥재단의 빅카인즈를 이용하여 언론기사를 수집하는 방법을 소개한다.

1. 엑셀을 활용한 데이터 수집

복잡한 데이터 크롤링에 대한 배경지식이 없어도 엑셀이나 구글 스프레드시트 함수로도 데이터를 수집할 수 있다. 특히 단순히 수치 데이터를 정리하고 계산하는 데만 주로 쓰고 있는 엑셀은 프로그래밍 언어를 자체에 내장하고 있기 때문에, 엑셀의 숨겨진 기능만 잘 활용해도 (단순히 확보된 데이터를 저장하고 정리하는 것을 넘어서) 인터넷 상의 데이터를 손쉽게 수집할 수 있다.

엑셀을 비롯한 마이크로소프트 오피스 제품에는 VBA(Visual Basic for Application)라는 프로그래밍 언어가 내장되어 있다. VBA를 이용하면 임의로 URL을 지정하여 웹페이지를 표시할 수 있고 데이터를 검색하여 출력할 수 있다. 이 VBA와 매크로 기능을 이용하여 텍스트 데이터를 수집해 보는 방법을 설명하면 다음과 같다(엑셀로 웹데이터를 수집하는 좀 더 자세한 내용은 Sasaki, 2016/2017 참조).

우선 엑셀에서 VBA를 사용하려면 메뉴에서 활성화시켜야 한다. 기본설정에는 VBA 메뉴가 표시되어 있지 않기 때문이다. 먼저 엑셀을 열고 왼쪽 상단의 맨 처음 메뉴인 [파일]을 클릭하면 다음과 같은 대화상자 창이 뜬다. 이 창의 맨 아래에 [옵션]이라는 메뉴를 클릭한다(EXCEL 2016 기준).

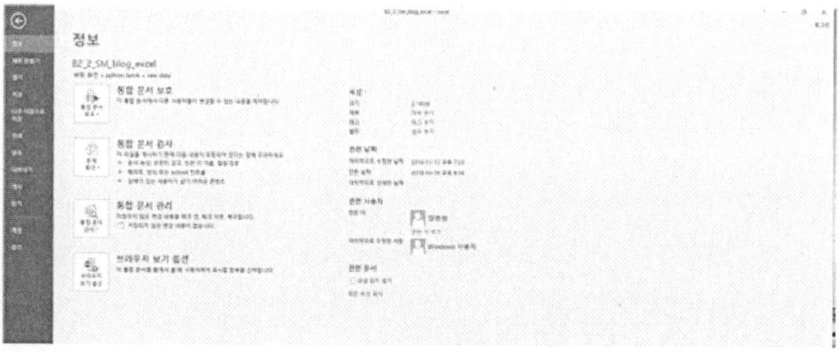

[Excel옵션] 대화상자의 왼쪽 카테고리 중에서 중간에 있는 [리본 사용자 지정] 메뉴를 선택하여 클릭한다.

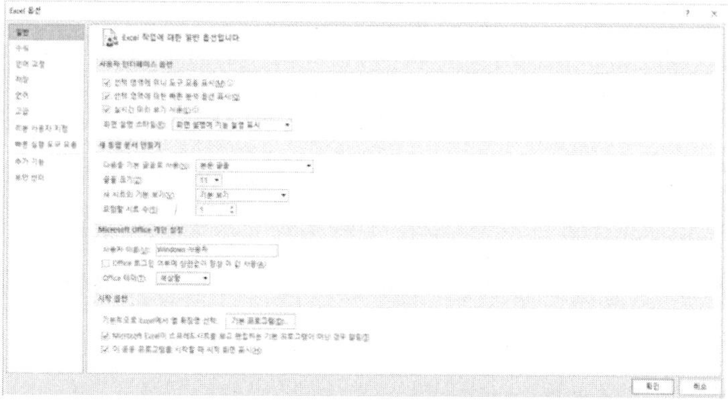

리본메뉴의 왼쪽에 있는 [명령 선택]의 많은 기능 중에서 [개발 도구]를 선택하고 가운데 [추가A>>]버튼을 눌러 오른쪽의 리본메뉴 사

용자 지정으로 이동시킨 후 [확인]을 클릭한다.

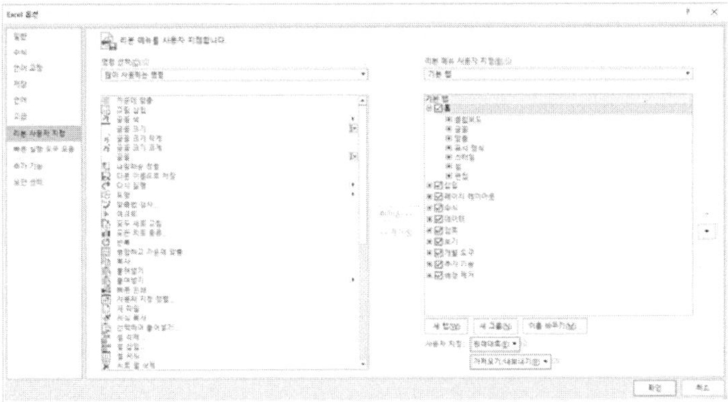

[개발 도구] 메뉴가 추가된 엑셀의 기본 화면에서 이제 [개발 도구]를 선택하면 가장 왼쪽에 [Visual Basic] 메뉴가 보인다. [Visual Basic]을 클릭하면 VBA 프로그램을 작성하는 화면이 열린다.

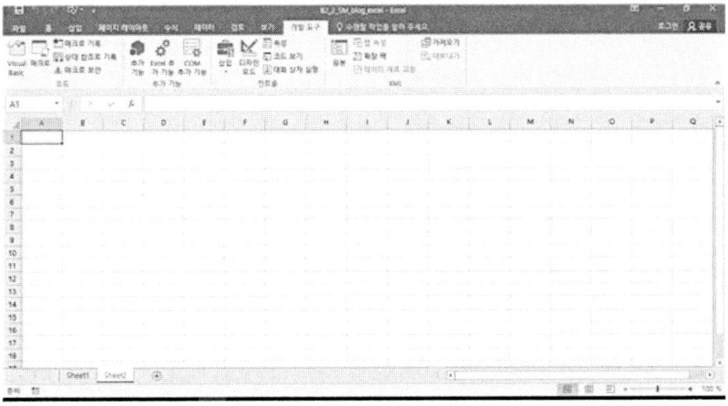

VBA로 작성된 프로그램을 매크로(Macro)라고 하는데, 보안을 위해 초기설정 상태에서는 실행되지 않는다. 매크로를 실행하기 위해서는

먼저 [Excel옵션] 메뉴 중에서 맨 아래쪽의 [보안센터]를 선택하고 오른쪽 하단의 [보안센터 설정]를 클릭한다.

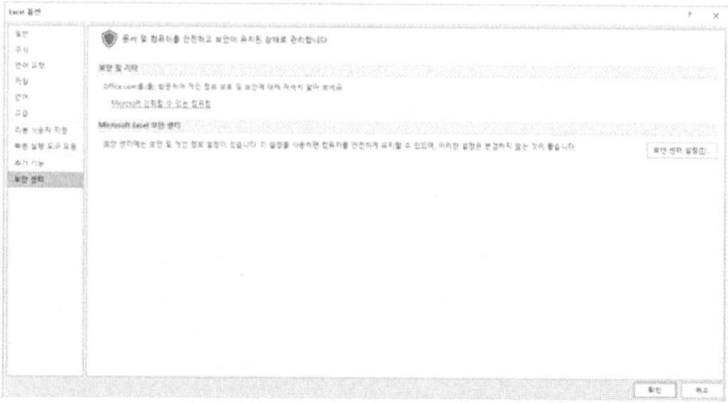

화면에 뜬 [보안센터] 대화창의 왼쪽에 있는 카테고리 중에서 [매크로 설정] 메뉴를 선택한다. 오른쪽 하단의 [개발자 매크로 설정]에 있는 [VBA 프로젝트 개체 모델에 안전하게 엑세스할 수 있음]에 체크표시하고 확인을 누른다.

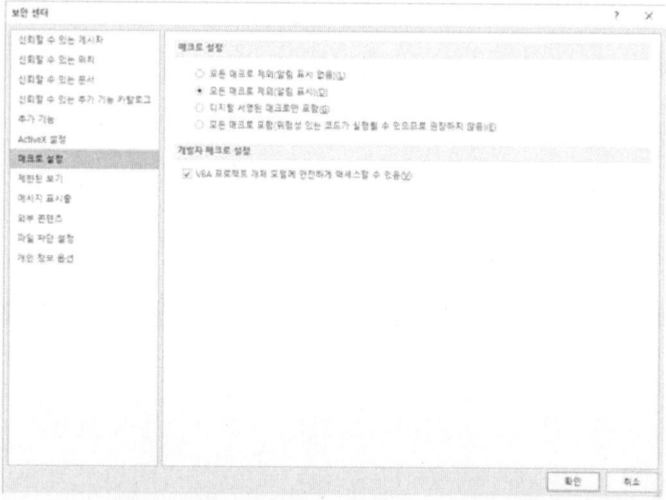

매크로에서 이용할 수 있도록 미리 사용할 라이브러리를 불러오기 위해서 VBA의 라이브러리 참조를 설정한다. 이는 매크로를 실행하는 엑셀파일별로 설정해야 한다. 여기서 사용할 라이브러리는 두 가지이다. 하나는 인터넷 웹페이지에 표시되는 HTML 소스내용을 추출할 때 사용하는 Microsoft HTML Object Library이고, 또 하나는 인터넷에서 페이지 이동 등을 조작할 때 사용하는 라이브러리인 Microsoft Internet Controls이다. 참조설정은 VBA 화면에서 한다. 엑셀 기본화면에서 [개발 도구] 탭을 선택한 후 맨 왼쪽의 [Visual Basic]을 클릭하면 다음과 같은 Visual Basic Editor 창이 열린다. 상단의 [도구]탭을 선택한 후 [참조]를 클릭한다.

[Microsoft HTML Object Library]와 [Microsoft Internet Controls]를 선택하여 체크 표시를 한 후 확인을 누른다.

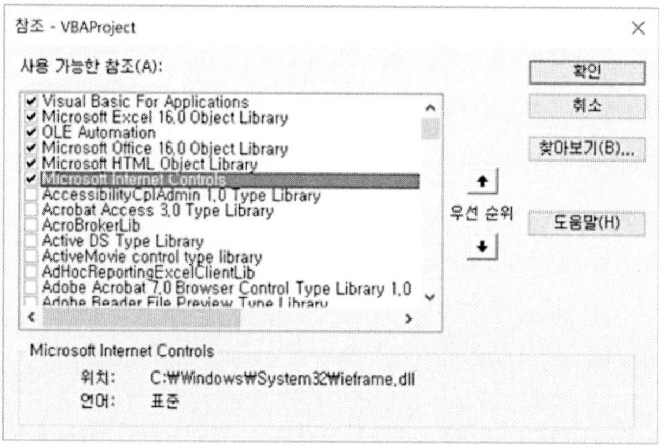

엑셀 VBA를 작성하기 위해 표준모듈을 추가한다. 엑셀 [개발 도구] 탭에서 [Visual Basic]을 클릭하여 VBA Editor 창을 연다. VBA 화면 왼쪽 상단의 [VBAProject(통합문서1)]에 마우스를 대고 오른쪽 버튼을 클릭하여 [삽입]메뉴의 [모듈]을 선택하여 클릭한다.

다음과 같이 [통합문서1 - Module1(코드)]이라는 창이 뜨면 이 창에 프로그램을 작성하면 된다.

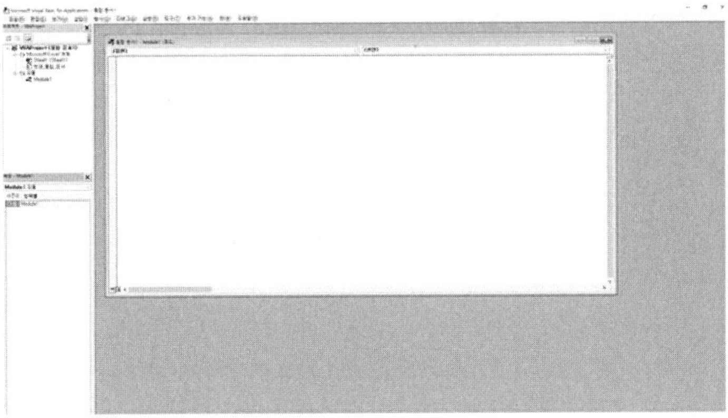

프로그램 편집용 창에 다음의 코드를 입력한다. 먼저 인터넷 익스플로러에서 원하는 검색어로 검색을 한 후, 아래의 코드에서 검색어(keyword)와 검색기간(dateFrom & dateTo) 및 page URL을 바꿔준다.

```
Sub Main()

    keyword=WorksheetFunction.EncodeURL("삼성 갤럭시")   '검색 키
워드
   dateFrom=20181101 '검색기간 시작일
   dateTo=20181120   '검색기간 종료일
   searchType="sim"  'sim: 관련도순, date: 최신순
   blogMax=100       '수집할 블로그 개수 (10개 단위)

   pageIndex=2
   For blogNo=1 To (blogMax + pageIndex) Step 10
           pageURL="https://search.naver.com/search.naver?date_
from=" & dateFrom & "&date_option=2&date_to="& dateTo &
"&dup_remove=1&nso=p%3A1d&post_blogurl=blog.naver.com&post_
blogurl_without=&sm=tab_pge&srchby=all&st="& searchType &
"&where=post&query=" & keyword & "&start=" & blogNo
      Call GetBlogInPage(blogNo, pageURL, pageIndex)
      pageIndex=pageIndex + 10
   Next

End Sub

Sub GetBlogInPage(blogNo, pageURL, pageIndex)

   Set pageIE=CreateObject("InternetExplorer.Application")

   pageIE.Visible=False
   pageIE.Navigate2(pageURL)
```

```
    While pageIE.readyState <> READYSTATE_COMPLETE Or pageIE.
Busy=True
        DoEvents
        Application.Wait(Now+TimeValue("0:00:01"))
    Wend
    Application.Wait(Now+TimeValue("0:00:01"))

    blogNo=pageIndex
 ForEachelementInpageIE.document.getElementsByClassName("url")
        Worksheets(1).Cells(blogNo, 1)=blogNo - 1
             Worksheets(1).Cells(blogNo, 2)=Replace(Replace(element.
getAttribute("href"), "https://", ""), "?Redirect=Log&logNo=", "/")
        blogNo=blogNo+1
    Next element

    blogNo=pageIndex
 ForEachelementInpageIE.document.getElementsByClassName("txt_
inline")
        Worksheets(1).Cells(blogNo, 3)=element.innerText
        blogNo=blogNo + 1
    Next element

    blogNo=pageIndex
 ForEachelementInpageIE.document.getElementsByClassName("sh_
blog_title")
        Worksheets(1).Cells(blogNo, 4)=element.innerText
        blogNo=blogNo + 1
```

```
    Next element

    blogNo=pageIndex
 ForEachelementInpageIE.document.getElementsByClassName("sh_
blog_passage")
        Worksheets(1).Cells(blogNo, 5)=element.innerText
        blogNo=blogNo+1
    Next element

    pageIE.Quit
    Set pageIE=Nothing

End Sub
```

코딩을 다 작성했으면 프로그램을 실행한다. [실행] 메뉴에서 [sub/사용자 정의 폼 실행]을 선택한다.

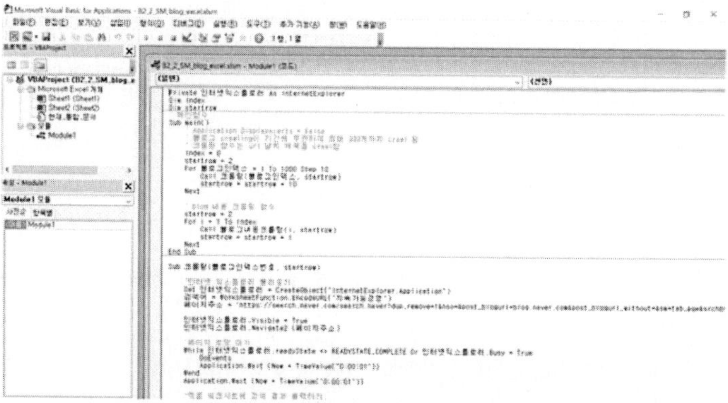

다음과 같은 화면이 나오면 [main]을 선택하고 [실행]버튼을 클릭한다.

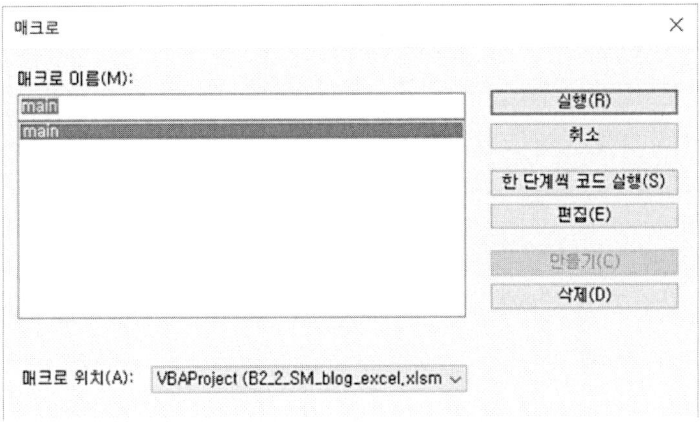

프로그램을 실행하면 인터넷 익스플로러가 실행된 후 자동으로 닫힌다. 엑셀 워크시트를 보면 검색결과를 확인할 수 있다.

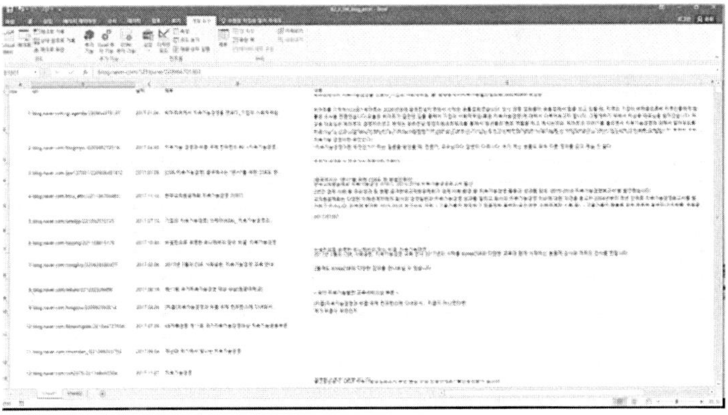

2. 공개 API 활용

인터넷에서 빅데이터를 수집하는 가장 일반적인 방법은 파이썬의 라이브러리와 공개 API(Open Application Programming Interface)를 활용하는 방법이다. 공개 API란 누구나 사용할 수 있도록 공개한 API를 말하며, API란 응용 프로그램에서 사용가능한 인터페이스이며, 인터페이스란 어떤 기계적 장치끼리 데이터를 교환하기 위한 수단과 방법이다. 구글, 페이스북, 네이버 등은 API를 공개하고 있는데, 공개된 API를 이용하면 별도의 프로그래밍 작업 없이도 원하는 데이터 서비스를 다양하게 이용할 수 있다(이원하, 2017).

이제 네이버 검색 API와 Beautiful Soup 4를 이용하여 네이버 블로그 내용을 스크래핑하는 방법을 살펴보자. 네이버 API를 활용하여 파이썬으로 데이터를 수집하기 위해서는 먼저 네이버의 개발자 계정을 얻어야 한다. 네이버 개발자 사이트(https://developers.naver.com)에서 메뉴 중에 [products]를 선택하고 하위 메뉴인 [서비스API]에 있는 [검색]을 클릭한다.

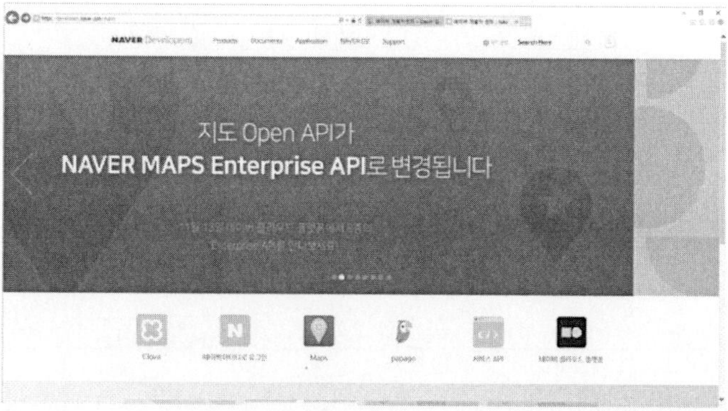

다음 화면이 나오면 아래의 버튼 중에서 왼쪽의 [오픈API 이용신청]을 클릭한다.

네이버 로그인 페이지가 나오면 자신이 가지고 있는 아이디와 비밀번호로 네이버에 로그인한다.

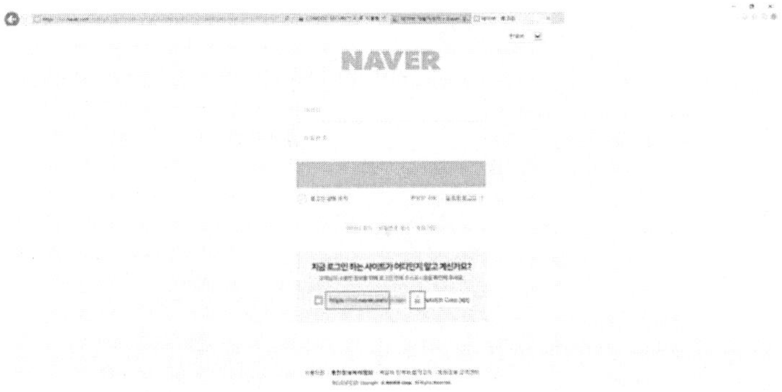

애플리케이션 등록(API 이용신청) 화면이 나오면 필요한 정보를 입

력하고 본인에 맞는 항목을 선택한 후 [등록하기]를 클릭한다.

등록이 완료되면 다음 그림과 같은 신규 애플리케이션이 등록된 것을 확인할 수 있다.

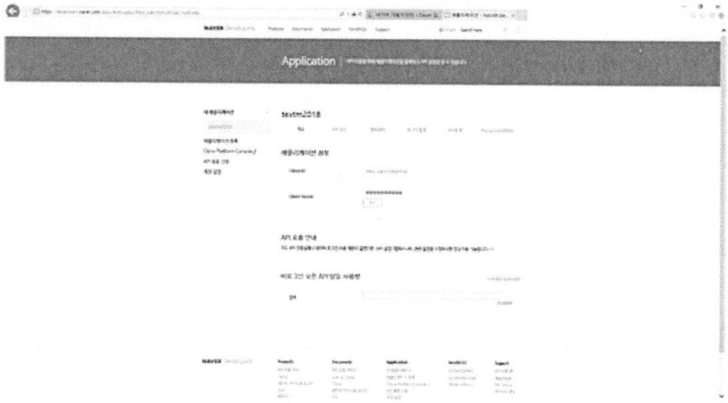

등록된 네이버 API 개발자 계정을 활용하여 파이썬으로 스크래핑을

하기 위해서는 필요한 라이브러리를 설치(import)해야 한다. 정규표현식을 사용하기 위해 re 라이브러리를 설치하고, 네이버 API를 통해 가져온 JSON 파일을 처리하기위해 json 라이브러리를 설치한다. 그리고 수학 라이브러리 math와 http 통신을 위해서 사용하는 requests 라이브러리를 설치하고, 웹과 관련된 내용을 편리하게 처리하기 위해 urllib 라이브러리를 설치한다. 마지막으로 HTML과 XML을 파싱하는 데에 사용되는 파이썬 라이브러리 BeautifulSoup를 올려 블로그 내용을 가져오기 위해 사용한다. 필요한 라이브러리를 모두 설치한 후 앞에서 네이버 개발자 사이트에서 어플리케이션 등록 후 확보한 Client ID와 Client Secret를 다음과 같이 naver_clinet_id와 naver_client_secret에 입력한다.

```
[in]
import re
import json
import math
import requests
import urllib.request
import urllib.error
import urllib.parse
from bs4 import BeautifulSoup
import pandas as pd
```

```
[in]
naver_client_id="개인의 등록된 Client ID"
naver_client_secret="개인의 등록된 Client Secret"
```

네이버에서 블로그 내용을 가져오기 위해서는 네이버에서 검색되는 블로그의 전체 개수를 가져와야 한다. 먼저 검색한 키워드에 해당하는 블로그의 전체 개수를 가져오는 함수 get_blog_count()를 정의한다. 네이버에 검색할 때 사용되는 URL은 "https://openapi.naver.com/v1/search/blog?query=" URL에서 query 부분에 어떤 검색 키워드를 넣는지에 따라 해당 키워드의 검색 결과 데이터를 반환한다. 네이버에서 API를 사용할 때 인증을 위해서 request에 add_header() 함수로 헤더를 추가하여 X-Naver-Client-Id 부분에는 네이버 개발자 사이트에서 받은 naver_client_id를 넣고, X-Naver-Client-Secret 부분도 헤더를 추가하여 naver_client_secret을 넣어준다. 헤더에 인증에 필요한 id와 secret을 넣지 않으면 네이버 API를 이용할 수 없다.

urllib.request.urlopen(request) 코드를 통하여 실제 URL에 해당하는 결과를 요청하게 된다. 그리고 반환되는 코드를 response.getcode()를 통해서 확인할 수 있다. 반환되는 코드는 HTTP 상태 코드에 해당되고, 코드 200은 서버가 요청을 제대로 처리했다는 뜻이다. 이는 서버가 요청한 페이지를 제공했다는 의미로 사용된다. 정상적으로 코드 200이 반환되면 response.read() 함수를 통해 요청한 페이지를 읽어들인다. 네이버 검색 API는 XML과 JSON 형태로 제공하고 본 예제에서는 JSON을 사용하기 때문에 json.loads() 함수를 통해 JSON 파일을 읽어온다. 네이버 검색 API가 요청에 따라서 출력하는 결과는 사이트 https://developers.naver.com/docs/search/blog/ 에서 확인할 수 있다. 여기서는 JSON 출력 중에서 lastBuildDate와 total, start, display에 대한 필드를 가져와서 출력한다. 네이버 검색에서는 최대 1,000개의 검색 결과만 보여주기 때문에 최대값은 1,000이 된다. 그러므로 total

필드의 값이 1,000 이상일 경우에는 최대값을 1,000으로 맞춰준다. 결과적으로 get_blog_count() 함수를 통해 실제 수집한 블로그의 개수를 알 수 있게 된다.

```
[in]
def get_blog_count(query, display):
    encode_query=urllib.parse.quote(query)
      search_url="https://openapi.naver.com/v1/search/blog?query="
+ encode_query
    request=urllib.request.Request(search_url)

    request.add_header("X-Naver-Client-Id", naver_client_id)
         request.add_header("X-Naver-Client-Secret",  naver_client_
secret)

    response=urllib.request.urlopen(request)
    response_code=response.getcode()

    if response_code is 200:
        response_body=response.read()
      response_body_dict=json.loads(response_body.decode('utf-8'))

      print("Last build date: "+str(response_body_dict['lastBuildDate']))
        print("Total: "+str(response_body_dict['total']))
        print("Start: "+str(response_body_dict['start']))
        print("Display: "+str(response_body_dict['display']))

        if response_body_dict['total']==0:
```

```
        blog_count=0
    else:
     blog_total=math.ceil(response_body_dict['total'] / int(display))

        if blog_total>=1000:
            blog_count=1000
        else:
            blog_count=blog_total

        print("Blog total: "+str(blog_total))
        print("Blog count: "+str(blog_count))

    return blog_count
```

네이버 검색 API를 이용하여 검색된 블로그의 내용을 가져오기 위해서 get_blog_post() 함수를 정의해보자. get_blog_count() 함수와 유사하지만 다른 점은 네이버 검색 API에 요청할 변수를 추가하였다는 점이다. 요청한 URL을 살펴보면 변수로 query 뿐만 아니라 display, start, sort를 추가로 넣었다. display 변수는 검색 결과 출력 건수를 지정하는데 사용되며 기본값이 10이고, 최대 100개까지 지정할 수 있다. start는 검색 시작 위치로 1부터 최대 1000까지 가능하다. sort는 정렬 옵션으로 sim(유사도순), date(날짜순)으로 지정하여 사용할 수 있다. 마찬가지로 request에 헤더로 naver_client_id와 naver_client_secret을 추가하여 인증에 사용한다. 그리고 정상적으로 요청에 성공하고 페이지를 반환받으면 JSON으로 받아와서 필요한 정보를 출력한다.

결과로 받은 JSON 파일에서 items 필드에 각 블로그의 정보들이 포함되어 있다. items 안에 있는 title, link, description, bloggername, bloggerlink, postdate 필드에 대한 내용을 가져온다. title과 description의 경우에는 HTML 태그를 제거하기 위해서 정규표현식으로 re.compile('〈.*?〉') 함수를 이용한다. postdate 필드는 날짜 형식으로 변환하여 가져온다. 이렇게 가져온 블로그의 각 정보들은 txt 파일로 저장한다. 네이버 검색 API로는 일부 내용만 반환하고, 블로그의 전체 내용을 가져올 수 없다. 그러므로 Beautiful Soup 라이브러리를 이용하여 실제 블로그 주소로 접속하여 포스트 내용을 가져와서 파일에 저장한다.

```
[in]
def get_blog_post(query, display, start_index, sort):
    global no, df

    encode_query=urllib.parse.quote(query)
                    search_url="https://openapi.naver.com/v1/search/
blog?query="+encode_query+"&display="+str(display)+"&start="+st
r(start_index)+"&sort="+sort

    request=urllib.request.Request(search_url)

    request.add_header("X-Naver-Client-Id", naver_client_id)
        request.add_header("X-Naver-Client-Secret", naver_client_
secret)

    response=urllib.request.urlopen(request)
    response_code=response.getcode()
```

```
    if response_code is 200:
        response_body=response.read()
      response_body_dict=json.loads(response_body.decode('utf-8'))
        for item_index in range(0, len(response_body_dict['items'])):
            try:
                remove_html_tag=re.compile('<.*?>')
                        title=re.sub(remove_html_tag, '', response_body_
dict['items'][item_index]['title'])
                      link=response_body_dict['items'][item_index]['link'].
replace("amp;", "")
                description=re.sub(remove_html_tag, '', response_body_
dict['items'][item_index]['description'])
                blogger_name= response_body_dict['items'][item_index]
['bloggername']
                    blogger_link=response_body_dict['items'][item_index]
['bloggerlink']
                      post_date=response_body_dict['items'][item_index]
['postdate']

                no+=1
                post_code=requests.get(link)
                post_text=post_code.text
                post_soup=BeautifulSoup(post_text, 'lxml')

                blog_post_content_text=""
                for mainFrame in post_soup.select('iframe#mainFrame'):
                    blog_post_url="http://blog.naver.com" + mainFrame.
get('src')
                    blog_post_code=requests.get(blog_post_url)
```

```
                    blog_post_text=blog_post_code.text
                    blog_post_soup=BeautifulSoup(blog_post_text, 'lxml')

                    for blog_post_content in blog_post_soup.find_all('div',
class_='se-viewer'):
                        blog_post_content_text=blog_post_content.get_text()

                    for blog_post_content in blog_post_soup.find_all('div',
class_='se_doc_viewer'):
                        blog_post_content_text=blog_post_content.get_text()

                    for blog_post_content in blog_post_soup.
select('div#postViewArea'):
                        blog_post_content_text=blog_post_content.get_text()

                df.loc[no]=[title, link, description, blogger_name, blogger_
link, post_date, blog_post_content_text]
                print("#", end='')

            except:
                item_index += 1
```

네이버 블로그의 내용을 가져오기 위한 코드로 가장 먼저 실행되는 --main-- 에서는 검색에 필요한 변수로 query, display, start, sort를 정의할 수 있도록 하였다. 그리고 get_blog_count() 함수를 통해 알아낸 블로그의 전체 수만큼 get_blog_post() 함수를 반복 수행한다. '삼성 갤럭시' 키워드로 검색된 결과를 'samsung_galexy.csv' 파일에 저장한다.

```
[in]
no=0                    #몇개의 포스트를 저장하였는지 세기 위한 index
query="삼성 갤럭시"  #검색을 원하는 문자열로서 UTF-8로 인코딩한다.
display=10             #검색 결과 출력 건수 지정, 10(기본값),100(최대)
start=1                #검색 시작 위치로 최대 1000까지 가능
sort="sim"              #정렬 옵션: sim(유사도순, 기본값), date(날짜순)

#블로그를 DataFrame에 저장

df=pd.DataFrame(columns=("Title", "Link", "Description", "Blogger
Name", "Blogger Link", "Post Date", "Post Contents"))

blog_count=get_blog_count(query, display)
for start_index in range(start, blog_count+1, display):
    get_blog_post(query, display, start_index, sort)

df.to_csv("./samsung_galexy.csv", header=True, index=False)

[out]
Last build date: Sun, 14 Apr 2019 14:52:26 +0900
Total: 735821
Start: 1
Display: 10
Blog total: 73583
Blog count: 1000
```

3. 공공데이터 포털을 활용하여 데이터 수집하기

텍스트로 된 비정형 데이터는 물론 수치로 된 정형 데이터까지 방대한 공공 정보를 집약하여 공개한 사이트를 통해서도 쓸모있는 데이터를 수집할 수 있다. 대표적인 곳이 국가 공공데이터 포털(https://www.data.go.kr)이다. 정부에서 구축한 국가 공공정보 포털(portal)로 여러 종류의 데이터를 카테고리별로 분류하여 제공하고 있을 뿐 아니라, 빅데이터를 이론적, 상업적으로 활용한 사례들도 많이 제시하고 있다. 공신력 있는 기관에 제공하는 잘 정리된 데이터이기 때문에 필요한 데이터를 인터넷 등에서 직접 수집하기 전에 이곳에 있는가를 먼저 확인해 보는 것이 필요하다.

공공 데이터는 특별한 제약 없이 사용할 수 있지만, 공공 데이터를 제대로 활용하기 위해서는 먼저 포털에 회원으로 가입해야 한다. 이를 위해서 다음과 같이 포털 초기화면 오른쪽 상단에 [회원가입]을 클릭한다.

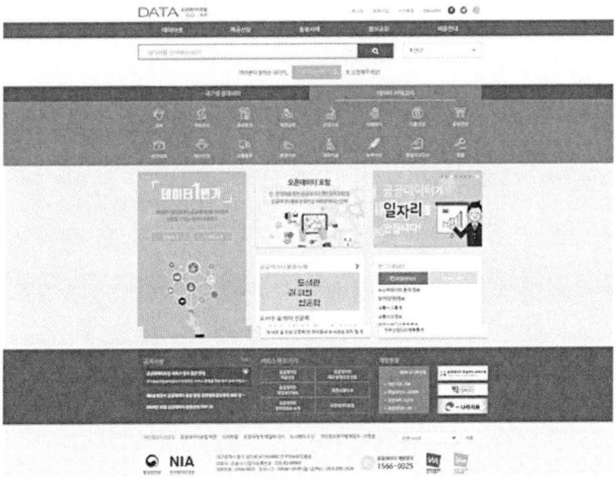

회원가입 페이지로 이동하면 개인인 경우 일반회원을 선택하여 [가입하기]를 클릭한다.

회원가입 여부를 확인하기 위한 페이지가 뜨면 본인의 아이디와 비밀번호를 입력하고 [가입확인]버튼을 클릭한다.

[가입확인] 버튼을 누르고 본인이 아직 회원가입을 안 한 상태이면 다음 그림과 같이 회원 약관 동의 화면이 나온다.

회원 약관 등에 동의하면 다음과 같이 가입자 정보를 입력하는 화면이 나온다.

필요한 정보를 다 입력하여 회원가입이 완료되면 다음과 같은 화면

으로 이동한다.

회원가입을 완료한 후에 로그인 화면으로 돌아가 가입한 아이디와 비밀번호로 로그인을 한다.

공공 데이터 포털을 통해서 다른 데이터 사이트로도 갈 수 있다. 예

를 들어 빅데이터 사이트나 국가통계포털(KOSIS)의 배너를 클릭하면 여러 가지 빅데이터는 물론 그 활용사례 등을 쉽게 찾아볼 수 있다. 또 공공 데이터뿐 아니라 네이버 데이터랩(https://datalab.naver.com)과 같이 민간에서 운영하는 데이터 포털에도 많은 데이터를 제공하고 있다.

4. 한국언론진흥재단의 빅 카인즈로 언론기사 수집하기

가장 방대하면서 신뢰할 만한 텍스트 데이터를 매일 지속적으로 생산하는 곳은 언론사이다. 한국언론진흥재단에서 구축한 빅카인즈(https://www.bigkinds.or.kr)는 방대한 보도기사 데이터베이스를 갖추고 있을 뿐 아니라, 간단하게 자체적으로 분석해볼 수 있는 서비스도 제공한다. 이곳 역시 제약 없이 사용할 수 있는데, 회원가입을 하면 더욱 풍부한 데이터 분석 서비스를 제공받을 수 있다.

뉴스 기사 검색창에 원하는 검색어를 입력하면 바로 관련 언론보도기사를 수집할 수 있다. 예를 들어 상세검색을 통해 '지속가능 경영'에 관한 보도기사를 검색해 보자. 검색어와 검색기간, 언론사, 분류 등을 입력하면 관련기사가 검색되어 제시된다.

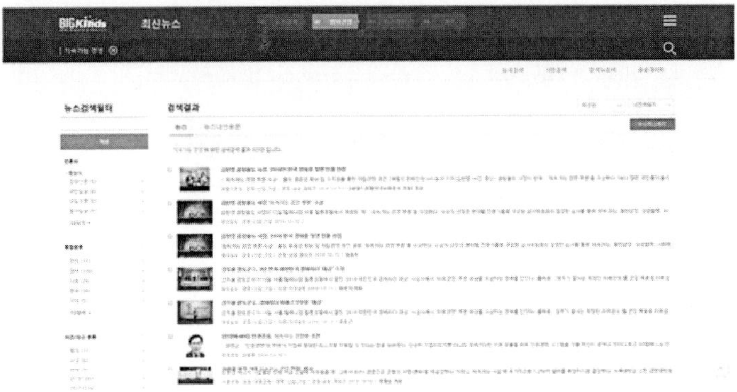

회원가입을 한 후 로그인을 하면 더욱 진전된 뉴스분석 결과 및 시각화 서비스를 받을 수 있다.

우선 뉴스검색 결과를 엑셀파일로 다운로드할 수 있다.

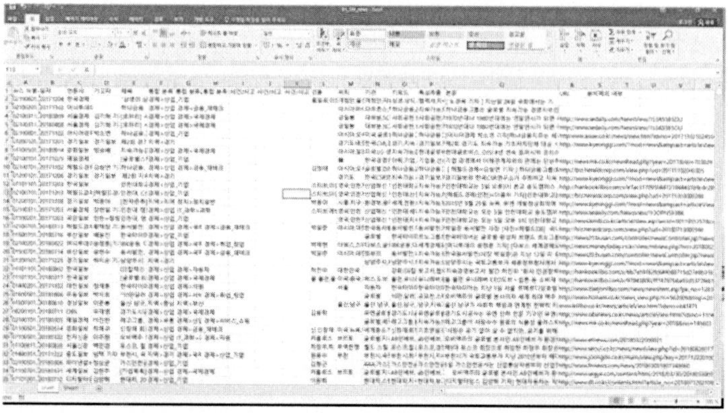

또 뉴스 속 인물이나 장소 기관 키워드 사이의 관계를 분석한 의미 연결망분석(semantic network analysis)결과나 핵심어휘를 단어 구름(word cloud)으로 시각화하는 연관어 분석결과를 다음과 같이 그래프로 제공받을 수 있다.

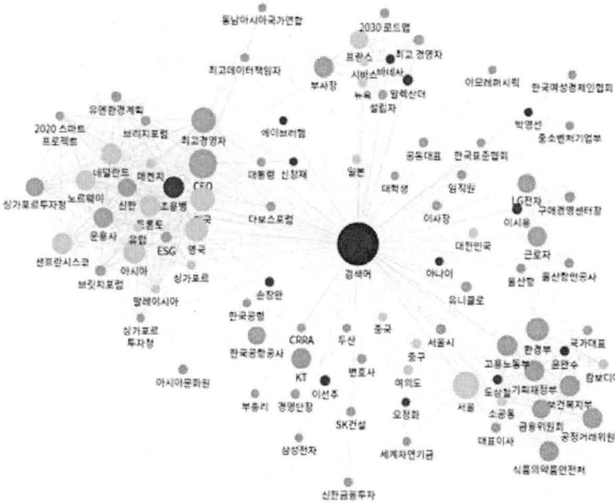

실습용 예제

한국언론진흥재단의 빅카인즈에서 스마트폰에 관한 지난 1년간의 언론보도 기사 데이터를 수집해 보라.

06.

텍스트 정제하기

1. 자연어 처리의 기본개념과 절차

웹 스크래핑이나 공개 API 및 공공 데이터 포털 등을 통해서 텍스트 데이터를 수집했으면 이를 통계적으로 분석하기 전에 분석가능한 데이터로 변환하고 정제해야 한다. 텍스트 데이터는 우리가 일상생활에서 의사소통을 위해 오랜 세월에 걸쳐 사용해온 자연어이다. 이는 프로그래밍과 같이 인공적으로 만들어진 언어가 아니기 때문에 수치 데이터처럼 바로 분석하기에는 어려움이 많다. 따라서 이러한 일상적인 자연어를 분석이 가능하도록 정제하는 과정이 자연어 처리(Natural Language Processing)이다. 자연어 처리 및 문서분석용 파이썬 패키지는 NLTK(Natural Language Toolkit) 패키지가 대표적이다. 특히 한국어 자연어 처리를 위한 파이썬 패키지는 코엔엘파이(KoNLPy) 라이브러리이다. 코엔엘파이(KoNLPy)는 한나눔(Hannanum), 꼬꼬마(Khma), 코모란(Komoran), 은전한잎(Mecab), OKT(이전의 Twitter)의 5가지 형태소 분석기를 제공한다.

본격적인 텍스트 분석에 앞서 자연어 처리로 정제하는 텍스트 데이터의 집합을 말뭉치(corpus)라 부른다. 말뭉치는 대용량의 정형화된 텍스트의 집합이라고 정의할 수 있는데, 이때 대용량과 정형화의 수준은 분야마다 다를 수 있다. 따라서 인문사회과학 분야에서는 "연구대상이 되는 텍스트의 모집단" 또는 "텍스트의 모집단 특성을 추론하기 충분한 텍스트표본"(백영민, 2017, 97쪽)을 말뭉치로 간주하기도 한다.

텍스트 마이닝은 단어수준(word level)에서 분석이 주로 이루어지지만 문자수준(character level)이나 구 수준(phrase level)에서 분석이 이루어질 수 있다(송민, 2017). 텍스트 정제과정은 사람에 따라 여러 단계로 구분한다. 백영민(2017)은 공란처리, 대소문자 통일, 숫자제거, 문장부호/특수문자 제거, 불용단어(stopword) 제거, 어근동일화(stemming), 엔그램(n-gram) 적용의 7단계로 구분했고, 송민(2017)은 문헌집단을 선정하는 단계, 대상문장을 추출하고 문자부호 및 숫자와 공란을 제거하고 어절을 분리하는 사전처리 단계, 형태소를 분리하고 불규칙원형을 복원하는 분석후보 생성 단계, 잘못된 분석결과를 제외시키는 결합제약 조사 단계, 최종결과를 도출하는 분석후보 선택 단계, 그리고 중의성을 해소하고 복합어 및 축약어 등을 처리하는 사후처리 단계의 6단계로 구분했다. 서대호(2019)는 크게 정규표현식, 사전처리, 품사분석의 3단계로 구분하고 그중에서 사전처리 과정을 다시 대소문자 통일, 숫자 등 제거, 불용어 제거, 어근 동일화, n-gram 적용으로 세분화했다. 여기서는 파이썬으로 코딩하여 분석하는 과정을 중심으로 해서 사전 정제, 토큰화(tokenization), 정규화(normalization), 불용어 제거, 결합제약 적용, 품사표식(part-of-speech tagging)의 6단계로 구분해서 설명하겠다.

먼저, 자연어로 구성된 텍스트 데이터의 불필요한 요소들을 제거하는 사전 정제 작업이 필요하다. 이것은 텍스트에서 단어 사이의 불필요한 빈칸을 제거하고, 영어 텍스트인 경우에는 대문자와 소문자를 통일시키고, 특별한 의미를 가지지 않는 숫자를 제거하고, 느낌표나 물음표같은 문장부호 및 특수문자를 제거하여 전체 텍스트를 일단 문장 단위로 정리하는 과정이다.

두 번째 단계는 텍스트 데이터를 분석하기 좋게 토큰(token) 단위로 분리하여 토막을 내는 토큰화 작업이다. 토큰은 "하나의 유용한 의미적 단위로 함께 모여지는 일련의 문자열"(송민, 2017, 21쪽)이다. 즉 토큰은 의미를 가진 문자열이기 때문에 한국어에서는 명사나 동사는 물론 조사 등도 하나의 토큰이다. 토큰은 형태소(morpheme)일 수도 있고, 하나의 단어일 수 있고, 두 단어 이상이 결합된 복합어일 수도 있다. 언어학적 의미에서 형태소는 더 이상의 분석이 불가능한, 의미의 최소 단위이다. 명사나 대명사 같은 체언, 동사/형용사 같은 용언처럼 어떤 대상이나 동작, 상태를 가리켜서 어휘적 의미가 있는 말은 물론, 조사나 접미사, 접두사, 어미나 어근 등 문법적 의미만을 가진 말도 형태소이다. 전자를 실질 형태소, 후자를 형식 형태소라고 구분한다.

단어는 스스로 일정한 뜻을 담고 있으면서 자립하여 쓸 수 있는 의미의 최소단위이다. '바람'과 같은 명사나 수사처럼 하나의 형태소가 단어를 구성할 수도 있고, '휘몰아친다'처럼 어간과 접사 어미 등 2개 이상의 형태소가 결합하여 단어를 구성할 수도 있다. 문장을 토큰 단위로 토막내는 토큰화는 다음 예에서 보는 것처럼 영어와 한국어가 다르다.

His mother went to school with him
--〉 His / mother / went / to / school / with / him

그의 어머니는 그와 함께 학교에 갔다.
--〉 그 / 의 / 어머니 / 는 / 그 / 와 / 함께 / 학교 / 에 / 가 / 았 / 다

단어 자체는 독립적으로 구분되면서 문법적 역할에 따라 단어형태가 변화하는 (보기: he--〉 his / him, go --〉 goes / went) 굴절어인 영어는 띄어쓰기 단위가 토큰이기 때문에 쉽게 구분할 수 있다. 하나의 낱말에 첨가되는 조사나 접사에 의해 그 문법적 기능이 달라지는 (보기: 그 --〉 그의 / 그를) 교착어인 한국어는 띄어쓰기만으로는 토큰을 구분하기 어렵다. 본래 띄어쓰기를 거의 하지 않고 단어의 어순에 의해 문법적 의미를 나타내는 고립어인 중국어는 토큰화하는 것이 특히 난제이다.

세 번째는 정규화 단계로 형태소 분석을 하고 불규칙한 변화를 통일된 형태로 추출하는 과정이다. 형태소 분석은 "단어를 구성하는 각각의 형태소를 인식하고 용언의 활용, 불규칙 활용이나 축약 탈락현상이 일어난 형태소는 원형으로 복원하는 과정"(송민, 2017, 48쪽)이다. 이를테면 영어의 경우 명사의 복수형이나 소유격은 John's=John+'s, books=book+s과 같이 분석하고, 동사의 3인칭단수 및 현재형과 과

거형 등은 flies=fly+es, taking=take+ing으로 분석하며, 형용사/부사의 비교급은 prettier=pretty+er 등으로 형태소 분석을 한다. 교착어인 한국어는 조사나 접사가 첨가됨에 따라 형태소 분석이 다소 복잡할 때가 있다. 이를테면 (유리창을) "깨뜨리셨더군요"라는 말을 형태소 분석하면 깨(어근)+뜨리(힘줌 접사)+시(높임 어미)+었(과거 어미)+더(어미)+군(감탄 어미)+요(종결 어미)가 된다.

형태소 분석은 말뜻의 중의성 때문에 단순하지 않고 어려움이 따른다. 예를 들어 영어에서 'check'는 동사로는 점검하다 혹은 저지하다는 뜻일 수 있고 명사로는 점검 혹은 수표라는 뜻일 수 있다. 한국어에도 '감기는'이라는 표현이 있을 때 '감기'라는 명사에 '는'이라는 조사가 붙은 것일 수 있지만, '(줄을) 감다'의 수동형일 수 있고, '(머리를) 감기다'와 같이 '감다'의 사동형일 수도 있다. 이러한 중의성 해소를 위해서는 문맥정보나 배경 지식이 필요하다. 한국어는 더구나 한글 형태소 분석기가 다양하고 그 결과도 약간씩 차이가 나서 아직 표준화가 미진하여 어려움이 있다(송민, 2017).

이처럼 쉽지 않은 형태소 분석을 통해 원형을 복원하고 단어 형태 변화에 따라 다른 단어로 인식되는 것을 해결하기 위해 두 가지 접근법을 구사한다. 하나는 어간 추출(stemming) 혹은 어근동일화를 통해 텍스트를 정리하는 것이다. 단어의 어미나 접두사, 접미사 등으로 해서 형태가 달라진 단어들을 형태소 분석을 통해서 그 어간을 추출하여 동일한 단어로 간주하는 작업이다. 영어의 경우에는 특히 마틴 포터(Martin Porter)가 개발한 어간 추출 알고리즘인 포터스테머(PorterStemmer)로 이러한 어간 추출 작업을 많이 수행한다. 또 다른 접근법은 표제어 추출(lemmatization) 혹은 원형복원이다. 어간 추출은 단어의 의미적 단위를 고려하지 않고 단어를 축약형으로 정리하는 단점이 있는데, 표제어 추출은 형태소 분석을 통해서 더 정확한 단어수준 분석을 수행하여 품사정보가 보존된 형태의 기본형으로 변환하는 방법이다. 예를 들면 영어에서 love, loves, loving, loved 등의 단어들을 어간 추출은 lov로 정리하지만 표제어 추출은 love로 정리한다. 또 어간 추출은 innovation, innovations, innovate, innovates, innovative 등을 모두 innovat로 정리하지만, 표제어 추출은 innovation, innovations은 innovation으로, innovate, innovates은 innovate로, innovative는 innovative로 정리한다.

네 번째 단계는 불용어(stop word)를 제거하는 단계이다. 문장은 크게 구체적인 대상이나 행동 상태를 가리키는 지시어와 문법적 기능만을 하는 기능어로 구분할 수 있다. 텍스트 마이닝에서는 이러한 기능어가 문장에서 실질적인 의미를 별로 가지고 있지 않고 있기 때문에 불용어로 간주하여 제거한다. 영어에서는 관사나 전치사, 한국어에서는 조사를 이러한 불용어로 간주하여 본격적인 텍스트 분석에 앞서 제거해준다.

다섯 번째 단계에서는 결합제약을 적용한다. 즉 복합어나 축약어 미등록된 신조어 등을 처리하는데, 이때 엔그램(n-gram) 을 적용하기도 한다. 이것은 2번 이상의 단어들이 연이어 등장하는 빈도가 많을 때 이들을 하나의 단어로 묶어서 처리하는 방법이다. 예를 들어 엔그램을 적용하여 흔히 홍보로 변역하는 영어의 'public relations'나 이를 직역한 한국어의 '공중관계'를 하나의 복합어로 간주할 수도 있다. 이러한 엔그램을 적용하면 텍스트의 복잡성이 감소되는 효과가 있으면서 동시에 증가하는 양면적 측면이 있다(백영민, 2017). '공중'이란 단어와

'관계'라는 단어를 '공중관계'라는 하나의 단어로 묶어서 정리하기 때문에 단어 수가 줄어든다는 점에서는 텍스트의 복잡성이 감소되는 효과가 있다. 하지만 엔그램을 적용하면 '공중'과 '관계'라는 단어 외에 '공중관계'라는 단어를 별도의 단어로 간주하여 '공중' '관계' '공중관계'라는 3종류의 단어를 분석대상으로 삼기 때문에 텍스트의 복잡성이 증가하는 측면도 있다.

여섯 번째 단계는 품사표식(part-of-speech tagging) 작업이다. 앞에서 말의 중의성 및 모호성을 언급했는데 문장에서 하나의 단어가 여러 가지 품사(POS: part-of-speech)의 역할을 할 수 있기 때문에 정확하게 어떤 품사인가를 표시하는(tagging) 작업이 필요하다. 품사표식 작업에는 두 가지 기법이 사용된다. 하나는 규칙기반(rule-based) 기법이다. 이것은 먼저 수십만 단어와 그에 대한 표식으로 구성된 대용량의 사전을 사용하여 문장 내에서 단어가 수행할 수 있는 품사의 목록을 부여한 후, 미리 마련한 규칙에 근거해서 해당되지 않는 품사표식을 제거하는 순서로 이루어진다. 또 하나는 스토캐스틱(Stochastic) 기법으로, 하나의 단어가 어떤 품사의 역할을 수행하는지 확률적으로 계산하기 위해 만들어진 학습 말뭉치를 사용하며 그것을 통해서 품사표식의 모호성을 해소해 나간다.

2. 영어 텍스트의 자연어 처리

영어의 자연어 처리는 앞에서 말한 6단계로 수행한다. 즉 대소문자 전환이나 숫자 및 빈칸 등을 제거하는 사전 정제 과정, 최소의 형태소로 분리하는 토큰화 과정, 형태소 분석을 하고 불규칙한 변화를 통일된 형태로 추출하는 정규화 과정, 불용어 제거 과정, 결합제약의 적용 과정, 문장 내에서 품사를 구별하는 품사표식 과정 등을 거친다. 이때 마지막의 품사표식 작업을 수행하기 위해서는 품사를 세부적으로 분류한 표식 목록(tag set)이 필요하다. 영어의 경우에는 미국의 브라운 대학에서 구축한 브라운 말뭉치(Brown corpus)가 대표적이며 87개의 표식 목록으로 구성되어 있다. 그밖에도 45개로의 표식 목록으로 구성된 펜트리뱅크(Penn Treebank)의 목록과 61개로 구분한 C4 표식목록 등이 있다. 다음은 파이썬의 NLTK 패키지에서 사용하는 품사 표식 목록이다.

NLTK의 품사 표식 목록

품사 표식	의미	품사 표식	의미
CC	등위접속사 (Coordinating conjunction)	PRP$	소유대명사 (Possessive pronoun)
CD	기수 (基數 Cardinal number)	RB	부사 (Adverb)
DT	한정사(Determiner)	RBR	비교급부사 (Adverb, comparative)
EX	허사 (虛辭 Existential there)	RBS	최상급부사 (Adverb, superlative)
FW	외래어 (Foreign word)	SYM	기호(Symbol)
IN	전치사 (Preposition) 혹은 종속접속사 (Subordinating conjunction)	TO	to
JJ	형용사 (Adjective)	RP	소사 (小辭, particule)

JJR	비교급 형용사 (Adjective, comparative)	UH	감탄사(Interjection)
JJS	최상급 형용사 (Adjective, superlative)	VB	기본형 동사 (Verb, base form)
LS	순서표식 (List marker)	VBD	과거형 동사 (Verb, past tense)
MD	조동사 (Modal)	VBG	동명사(Gerund) 혹은 현재진행형(present particle)
NN	단수 명사 (Noun, singular)	VBN	과거 진행형(past particle)
NNS	복수명사 (Noun, plural)	VBP	3인칭이 아닌 현재형 단수동사 (Verb, non-3rd person singular present)
NNP	단수대명사 (Proper noun, singular)	VBZ	3인칭 현재형 단수동사 (Verb, 3rd person singular present)
NNPS	복수대명사 (Proper noun, plural)	WDT	의문한정사 (wh-determiner)
PDT	전치한정사 (Predeterminer)	WP	의문대명사 (wh-pronoun)
POS	소유격 어미 (Possessive ending)	WP$	의문소유대명사 (Possessive wh-pronoun)
PRP	인칭 대명사 (Personal pronoun)	WRB	의문 부사(wh-abverb)

앞에서 보기로 든 영어문장을 위의 품사분류표에 의거해서 품사 식별을 하면 다음과 같다.

His mother went to school with him
—〉 His (PPR$ 소유대명사) / mother (NN 단수명사) / went (VRD 동사과거형)/ to (TO, to) / school (NN 단수명사) / with (IN 전치사) / him (PRP, 인칭대명사)

파이썬으로 영어 텍스트를 자연어 처리하여 정제하는 코딩과 그 결과는 다음과 같다. 먼저 필요한 데이터 처리를 위해 판다스(pandas) 라이브러리를 설치(import)한다. 예제로 사용할 영어 텍스트 데이터는 한국과 글로벌 기업의 영문 지속가능경영 보고서(sustainability report) 380개에 수록된 회장 인사말(CEO message)을 모음이다. 회장 인사말을 수집한 엑셀파일(CEO3.csv)을 불러오는 코딩 및 그 결과의 일부는 다음과 같다.

```
[in]
import pandas as pd
df=pd.read_csv('./CEO3.csv', encoding='latin')
df[0:10]
```

[out]

	number	firm	publishing	country	text	…
0	2	Amorepacific	1	korea	We will use beauty to change the world and bec…	…
1	4	Amorepacific	3	korea	AMOREPACIFC Group will endeavor to become a gr…	…
2	502	Amorepacific	4	korea	AMOREPACIFIC Group has been pursuing the path …	…
3	5	Asiana Airlines	1	korea	This year marks the 25th anniversary of the es…	…
4	6	Asiana Airlines	2	korea	Since the inception, Asiana Airlines has pledg…	…
5	7	Asiana Airlines	3	korea	All of us will do our best without stopping fo…	…
6	503	Asiana Airlines	4	korea	First of all, I would like to express my heart…	…

7	11	BNK Financial Group Inc.	3	korea	Since the establishment of Busan Bank in 1967 …	…
8	504	BNK Financial Group Inc.	4	korea	In March 2011, BNK Financial Group was launche…	…
9	12	BPA	3	korea	I am pleased to introduce various sustainable …	…
…	…(후략)					

CEO3.csv 파일은 number, firm, publishing, country, text 속성을 가지고 있다. 여기서 실질적인 회장 인사말에 해당하는 text 속성에 대해서만 불러온다.

```
[in]
texts=df.get('text')
texts[0:10]

[out]
0   We will use beauty to change the world and bec…
1   AMOREPACIFC Group will endeavor to become a gr…
2   AMOREPACIFIC Group has been pursuing the path …
3   This year marks the 25th anniversary of the es…
4   Since the inception, Asiana Airlines has pledg…
5   All of us will do our best without stopping fo…
6   First of all, I would like to express my heart…
7   Since the establishment of Busan Bank in 1967 …
8   In March 2011, BNK Financial Group was launche…
9   I am pleased to introduce various sustainable …
Name: text, dtype: object
```

앞에서 설명한 것처럼, 텍스트 문서에 대해서 자연어 처리를 하기 위해서는 우선 긴 문자열을 분석 단위인 토큰으로 나누어야 한다. 긴 문자열을 토큰으로 분리하는 토큰화 함수를 토큰 생성 함수(tokenizer)라고 부른다. 토큰 생성 함수는 긴 문자열을 입력으로 받아서 생성된 토큰의 리스트를 출력한다. 여기서는 RegexpTokenizer를 이용하여 토큰화를 실행한다. 여기서 사용한 '+'는 영문자, 숫자와 공백을 제외한 모든 문자를 제거한 뒤에 토큰화를 하라는 의미이다. 앞에서 설명한 것처럼 형태소 분석에는 단어의 접미사 또는 어미를 제거하여 어간을 찾아주는 어간 추출(stemming)이 있고, 단순한 어미 제거가 아니라 단어의 원형을 찾아주는 표제어 추출(lemmatizing)이 있다. 여기서는 WordNetLemmatizer를 사용하여 WordNet 사전에 들어간 단어를 기반으로 원형을 찾아주도록 한다.

```
[in]
from nltk.tokenize import RegexpTokenizer
tokenizer=RegexpTokenizer(r'+')

from nltk.stem import WordNetLemmatizer
lemmatizer=WordNetLemmatizer()
```

불용어(stopword)를 제거하기 위해서는 nltk 라이브러리에서 제공하는 stopwords를 다운로드한다. 다운로드한 불용어 중에서 영어에 대한 부분을 가져온다.

```
[in]
```

```
import nltk
nltk.download('stopwords')

from nltk.corpus import stopwords
stop_words=nltk.corpus.stopwords.words('english')
stop_words.extend([])
stop_words[0:10]

[out]
['i', 'me', 'my', 'myself', 'we', 'our', 'ours', 'ourselves', 'you', "you're"]
```

nltk 라이브러리에 포함된 wordnet 라이브러리를 이용하여 각 영문 텍스트에 대해서 토큰화(tokenizer)와 표제어 추출(lemmatizer) 작업을 수행한다. 그리고 토큰 중에서 불용어에 포함되지 않은 텍스트에 대해서만 추출하여 저장한다.

```
[in]
from nltk import wordnet
nltk.download('wordnet')
preprocessed_texts=[]
for text in texts.values:
    tokenized_text=tokenizer.tokenize(text.lower())
        lemmatized_text=[lemmatizer.lemmatize(token) for token in
tokenized_text]
    stopped_text=[token for token in lemmatized_text if token not in
stop_words]
    preprocessed_texts.append(stopped_text)
```

문서에서 추출한 각 토큰의 개수를 파악하기 위해서 Counter 라이브러리를 설치한다. 그리고 전처리된 텍스트로부터 토큰의 개수를 파악하여 상위 20개의 토큰에 대해서만 출현 빈도를 출력하여 결과를 확인한다.

```
[in]
from collections import Counter
tokens=[]
for text in preprocessed_texts:
    tokens.extend(text)

counted_tokens=Counter(tokens)
top_20=counted_tokens.most_common(20)
top_20

[out]
[('business', 1534),
 ('company', 1445),
 ('year', 1159),
 … (중략)
 ('stakeholder', 651),
 ('effort', 637),
 ('u', 635)]
```

3. 한국어 텍스트의 자연어 처리

한국어의 자연어 처리는 영어와 비교해서 아직 미진한 부분이 많지만, 영어와 마찬가지로 역시 6단계로 수행한다. 한국어는 대소문자 구분이 없기 때문에 대소문자 전환은 필요없지만 숫자 및 빈칸 등을 제거하는 사전 정제 과정은 필요하다. 이어서 영어보다 더 복잡한 토큰화 과정, 형태소 분석을 하고 불규칙한 변화를 통일된 형태로 추출하는 정규화 과정, 불용어 제거 과정, 결합제약의 적용 과정, 문장 내에서 품사를 구별하는 품사표식 과정 등을 거친다.

한국어의 대표적인 자연어 처리 라이브러리인 코엔엘파이(KoNLPy)는 한나눔(Hannanum), 꼬꼬마(Khma), 코모란(Komoran), 은전한잎(Mecab), OKT(이전의 Twitter)의 5가지 형태소 분석기를 제공한다. 코엔엘파이(KoNLPy) 사이트에서는 각 형태소 분석기의 성능을 비교하여 제시하고 있다. 파이썬 2.7, KoNLPy 0.4.1으로 시행했을 때 (4개의 코어가 있는 인텔 i7 CPU 기준) 각 형태소 분석기를 이용해 로딩 시간을 비교해 보면, 사전 로딩을 포함하여 클래스를 로딩하는 시간이 꼬꼬마 5.6988 초, 코모란 5.4866 초, 한나눔 0.6591 초, OKT 1.4870 초, 은전한잎 0.0007 초이다. 또 10만 문자의 문서를 대상으로 각 클래스의 품사(POS) 표식 메소드를 실행하는데 소요되는 실행시간은 꼬꼬마 35.7163 초, 코모란 25.6008 초, 한나눔 8.8251 초, OKT 2.4714 초, 은전한잎 0.2838 초이다. 아래 그림은 문자 개수를 달리했을 때 각 형태소 분석기의 실행시간을 나타낸 것으로 문자의 개수를 늘려감에 따라 모든 클래스의 실행 시간이 기하급수적으로 증가함을 알 수 있다.

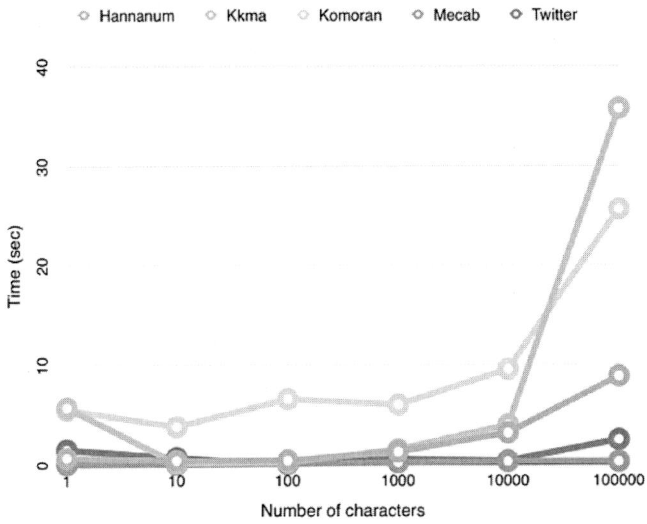

출처: https://konlpy-ko.readthedocs.io/ko/v0.5.1/morph

한국어에는 국립국어원의 세종 말뭉치사전에 기반한 세종 품사표식 목록을 비롯해 몇 가지 목록이 있다. 한국어의 대표적인 자연어 처리 라이브러리인 코엔엘파이(KoNLPy)의 형태소 분석마다 품사 표식 목록은 조금씩 다르다[1]. 국립국어원의 세종 품사표식 목록을 소개하면 다음의 표와 같다.

태그	품사	소분류	대분류
NNG	일반 명사	명사	체언
NNP	고유 명사	명사	체언

1) 코엔엘파이에 포함된 형태소 분석기들의 품사태그는 아래의 Korean POS tags comparison chart에서 비교할 수 있다. https://docs.google.com/spreadsheets/d/1OGAjUvalBuX-oZvZ_-9tEfYD2gQe7hTGsgUpiiBSXI8/edit#gid=0

NNB	의존 명사	명사	체언
NR	수사	수사	체언
NP	대명사	대명사	체언
VV	동사	동사	용언
VA	형용사	형용사	용언
VX	보조용언	보조용언	용언
VCP	긍정 지정사	지정사	용언
VCN	부정 지정사	지정사	용언
MM	관형사	관형사	수식언
MAG	일반 부사	부사	수식언
MAJ	접속 부사	부사	수식언
IC	감탄사	감탄사	독립언
JKS	주격 조사	조사	관계언
JKC	보격 조사	조사	관계언
JKG	관형격 조사	조사	관계언
JKO	목적격 조사	조사	관계언
JKB	부사격 조사	조사	관계언
JKV	호격 조사	조사	관계언
JKQ	인용격 조사	조사	관계언
JC	접속 조사	조사	관계언
JX	보조사	조사	관계언
EP	선어말어미	어미	관계언
EF	종결 어미	어미	관계언
EC	연결 어미	어미	관계언
ETN	명사형 전성 어미	어미	관계언
ETM	관형형 전성 어미	어미	관계언
XPN	체언 접두사	접두사	접사
XSN	명사파생 접미사	접미사	접사
XSV	동사 파생 접미사	접미사	접사
XSA	형용사 파생 접미사	접미사	접사
XR	어근	어근	어근

SF	마침표, 물음표, 느낌표	기호	기호
SE	줄임표	기호	기호
SS	따옴표,괄호표,줄표	기호	기호
SP	쉼표, 가운뎃점, 콜론, 빗금	기호	기호
SO	붙임표(물결, 숨김, 빠짐)	기호	기호
SW	기타기호 (논리수학기호, 화폐기호)	기호	기호
SH	한자	한자	기호
SL	외국어	외국어	기호
SN	숫자	숫자	기호
NF	명사추정범주		
NV	용언추정범주		
NA	분석불능범주		

앞에서 보기로 든 한국어 문장을 위의 품사분류표에 의거해서 품사 식별을 하면 다음과 같다.

그의 어머니는 그와 함께 학교에 갔다.
--〉 그 (NP 대명사) / 의 (JKG 관형격 조사) / 어머니 (NNG 일반명사) / 는 (JKS 주격조사) / 그 (NP 대명사) / 와 (JKB 부사격조사) / 함께 (MAG 일반부사) / 학교 (NNG 일반명사) / 에 (JKB 부사격조사) / 가 (VW동사) / 았 (EC 연결어미) / 다 (EF 종결어미)

이제 한국어로 구성된 텍스트 데이터를 읽어오고 자연어 처리 과정을 수행해 보자. 영어 자연어 처리 과정과 마찬가지로, 필요한 데이터 처리를 위해 판다스(pandas) 라이브러리를 설치한다. 예제로 사용할 한글 텍스트 데이터로 samsung_galexy.csv 파일을 가져온다. 이 csv 파일은 실제 네이버 검색에서 '삼성 갤럭시' 키워드로 검색되는 블로그 내용을 가져온 데이터이다.

```
[in]
import pandas as pd
df=pd.read_csv('./samsung_galexy.csv', encoding='utf-8')
df[0:10]
```

```
[out]
```

	Title	Link	Description	Blogger Name	…
0	최고의 가성비 삼성 갤럭시 J5	https://blog.naver.com/kingbok85?Redirect=Log&…	바로 갤럭시 J5다. 요녀석의 스펙은 64비트 옥타코어 HD급 슈퍼 아몰레드 32기…	xxx	…
1	[휴대폰추천] 삼성갤럭시S10+ – 프리즘 화이트	https://blog.naver.com/lhw_design?Redirect=Log…	제품 패키지 모습 이번에 그래서 구매하게 된 나의 삼성갤럭시S10+ 그것도 자급제폰…	xxx	…
2	Galaxy S10 5G (삼성 갤럭시S10) + KT 5G 커버리지맵 사이트	https://blog.naver.com/kimcoco1?Redirect=Log&l…	바로 갤럭시 S10 5G 라는 스마트폰을 판매하기 시작하였습니다. 우리나라 최고 5…	xxx	…
3	[테크 유튜브 추천 : 오라잇 TV] 애플 아이폰 VS 삼성 갤럭시…	https://blog.naver.com/wlgml9295?Redirect=Log&…	승자는 삼성이 되었네요 핸드폰 바꿀 때가 얼마 남지 않아 너무 유용하게 본 컨텐츠 …	xxx	…
4	삼성 폴더블폰 갤럭시f 특징, 사전예약은?	https://blog.naver.com/clubkang?Redirect=Log&l…	wapotv.com 2월 21일 새벽 4시에 삼성 갤럭시s10 언팩에서 공개된 갤럭…	xxx	…
5	삼성 갤럭시 버즈 & 아이콘X 2018 비교기	https://blog.naver.com/rlatjdrb4545?Redirect=L…	무엇보다 갤럭시 버즈가 가지는 연결성의 강점은 삼성 스마트디바이스와 Smartthi…	xxx	…

6	폴더블폰-삼성 갤럭시 폴드 vs 화웨이 메이트X 고화질 이미지	https://blog.naver.com/artlife?Redirect=Log&lo…	폴더블폰 시대 개막 – 삼성 갤럭시 폴드 VS 화웨이 메이트X 출시일과 고화질 이미…	xxx	…
7	삼성 갤럭시S10 5G 로얄골드 , 마제스틱블랙 LG U+ 에서…	https://blog.naver.com/eunjoo7485?Redirect=Log…	커집니다 ^^ 갤럭시S10 5G 로얄골드 입니다 :) 삼성전자사진에서는 좀 노란색끼…	xxx	…
8	삼성 갤럭시 M20(SAMSUNG Galaxy M20)… 삼성 휴대폰 단상	https://blog.naver.com/bachkr?Redirect=Log&log…	삼성 갤럭시의 A시리즈도 있었는데 요것도 가성비가 좋긴 하지만 샤오미폰들을 보면 느…	xxx	…
9	갤럭시S10 사전 예약 사은품은? 삼성언팩 한눈 정리	https://blog.naver.com/dicagallery?Redirect=Lo…	그러나 10주년을 맞이한 갤럭시의 큰 변화, 삼성전자의 위기감을 이겨내기 위한 노력…	xxx	…
…	… (후략)				

csv 파일에서 블로그 포스트의 제목인 'Title'과 포스트 설명인 'Description'에 해당하는 부분만 가져와 posts 리스트에 저장한다.

```
[in]
posts=df.get('Title')+" "+df.get('Description')
posts[0:10]

[out]
0    최고의 가성비 삼성 갤럭시 J5 바로 갤럭시 J5다. 요녀석의 스펙은 64
비트 옥타…
1    [휴대폰추천] 삼성갤럭시S10+ – 프리즘 화이트 제품 패키지 모습 이
```

```
번에 그래서 …
2    Galaxy S10 5G (삼성 갤럭시S10) + KT 5G 커버리지맵 사이트 바로…
3    [테크 유튜브 추천 : 오라잇 TV] 애플 아이폰 VS 삼성 갤럭시…  승자
는 …
4    삼성 폴더블폰 갤럭시f 특징, 사전예약은? wapotv.com 2월 21일 새
벽 4…
5    삼성 갤럭시 버즈 &amp; 아이콘X 2018 비교기 무엇보다 갤럭시 버즈
가 가지는…
6    폴더블폰-삼성 갤럭시 폴드 vs 화웨이 메이트X 고화질 이미지 폴더블
폰 시대 개막 …
7    삼성 갤럭시S10 5G 로얄골드 , 마제스틱블랙 LG U+ 에서…  커집니
다 ^…
8    삼성 갤럭시 M20(SAMSUNG Galaxy M20)…삼성 휴대폰 단상 삼
성 …
9    갤럭시S10 사전예약 사은품은? 삼성언팩 한눈정리 그러나 10주년을
맞이한 갤럭시의…
dtype: object
```

여기서는 한국어 자연어 처리를 위해서 대표적인 형태소 분석기 중 하나인 은전한잎(Mecab)을 사용한다. 은전한잎 라이브러리를 이용하기 위해서는 pip install eunjeon 명령어를 실행해서 설치하도록 한다. 설치 후에는 Mecab 라이브러리를 설치하고, Mecab() 클래스로 tagger를 생성한다.

```
[in]
!pip install eunjeon
```

```
[in]
from eunjeon import Mecab
tagger=Mecab()
```

일반적으로 형태소 분석을 통해 필요한 형태만 가져오면 자연스럽게 조사, 접속사 등이 제거된다. 하지만 한국어를 분석하다 보면 명사에서도 상당히 많은 불필요한 단어들이 들어가는 것을 알 수 있다. 결국 사용자가 직접 불용어 사전을 유지하면서 불필요한 단어를 제거해야 하는 필요성이 생긴다. 직접 불용어를 등록하면서 형태소 분석에서 제외할 수 있도록 사전을 만들어본다.

```
[in]
stop_words="은 이 것 등 더 를 좀 즉 인 옹 때 만 원 이때 개 일 기 시 럭
갤 성 삼 스 폰 트 드 기 이 리 폴 사 전 마 자 플 블 가 "
stop_words=stop_words.split(' ')
stop_words[0:10]

[out]
['은', '이', '것', '등', '더', '를', '좀', '즉', '인', '옹']
```

eunjeon 라이브러리를 이용하여 한글 텍스트에 대해서 형태소 분석을 수행한다. 그리고 분석으로 추출하는 명사 중에서 불용어에 포함되지 않은 텍스트에 대해서만 추출하여 저장한다.

```
[in]
nouns=[]
for post in posts:
```

```
    for noun in tagger.nouns(post):
        if noun not in stop_words:
            nouns.append(noun)
nouns[0:10]
```

```
[out]
['최고', '가성', '삼성', '갤럭시', '갤럭시', '요녀석', '스펙', '코어', '급', '슈퍼']
```

형태소 분석은 단어가 의미하는 형태를 찾아주어 원형에 대한 부분만 추출할 수 있다. 이 예제에서는 형태소 분석기를 사용하여 단어가 가지고 있는 원형에 대해서 출력한다.

```
[in]
words=[]
for post in posts:
    words.extend(tagger.pos(post))
words[0:10]
```

```
[out]
[('최고', 'NNG'),
 ('의', 'JKG'),
 ('가성', 'NNG'),
 ('비', 'XPN'),
 ('삼성', 'NNP'),
 ('갤럭시', 'NNP'),
 ('J', 'SL'),
 ('5', 'SN'),
 ('바로', 'MAG'),
```

('갤럭시', 'NNP')]

형태소 분석을 한 결과에서 동사(VV)에 해당하는 형태에 '다'를 추가하여 출력한 결과는 다음과 같다.

```
[in]
verbs=[]
for word in words:
    if word[1]=='VV':
        verbs.append(word[0]+'다')
verbs[0:10]

[out]
['비트다', '쓰다', '박다', '되다', '가다', '되다', '남다', '보다', '보다', '가지다']
```

형태소 분석을 한 결과에서 형용사(VA)에 해당하는 형태에 '다'를 추가하여 출력한 결과이다.

```
[in]
adjective=[]
for word in words:
    if word[1]=='VA':
        adjective.append(word[0]+'다')
adjective[0:10]

[out]
['좋다', '싫다', '같다', '이쁘다', '있다', '좋다', '없다', '같다', '없다', '쉽다']
```

개수를 파악하기 위해서 Counter 라이브러리를 설치한다. 그리고 전처리된 텍스트로부터 명사의 개수를 파악하기 위해 Counter(nouns) 결과를 counted_nouns에 저장하고, most_common(20)함수를 이용하여 상위 20개의 명사에 대해서만 출력하여 결과를 확인한다.

```
[in]
from collections import Counter
counted_nouns=Counter(nouns)
top_20=counted_nouns.most_common(20)
top_20

[out]
[('갤럭시', 3307),
 ('삼성', 2577),
 ('스마트폰', 377),
...
 ('이번', 135),
 ('버즈', 133),
 ('월', 131)]
```

07.

핵심어 빈도분석

1. 단순 빈도분석

핵심어(keyword)란 텍스트 자료의 중요한 내용을 압축적으로 제시하는 단어 또는 문구를 말한다. 따라서 핵심어 분석이란 불용어 제거와 형태소 분석, 어간 추출 등의 자연어 처리를 시행한 후 텍스트에서 많이 등장하는 단어의 등장 빈도를 분석함으로써 핵심어를 추출하는 것으로, 텍스트 마이닝의 가장 기본적인 분석 방법이다. 이는 특정 텍스트에 많이 나타나는 단어가 그 텍스트 주제를 표출할 가능성이 높다는 가정에 기초한다. 물론 이러한 단어의 등장 빈도 분석에서 영어의 전치사나 한국어의 조사와 같이, 의미를 별로 담고 있지 않은 불용어는 제외된다.

텍스트의 핵심어를 분석함으로써 텍스트의 주제가 무엇인지 짐작할 수 있고, 텍스트가 서로 어느 정도 비슷한지도 파악할 수 있다. 또 핵심어 분석은 인터넷 등에서 문서를 검색할 때 검색의 기초가 되며, 더 나아가서 검색 엔진에서 검색결과의 우선 순위를 결정하는 데 도움이 된다. 텍스트 마이닝에서 가장 흔하게 사용하는 핵심어 분석 방법으로는 단순 빈도를 제시하는 방법, 워드 클라우드(word cloud) 혹은 단어 구름으로 빈도분석 결과를 제시하는 방법, 그리고 어휘 빈도 - 문서 역빈도(TF-IDF; Term Frequency-Inverse Document Frequency)를 계산하는 방법이 있다.

텍스트로 된 비정형 데이터에서 단어의 출현빈도를 계산하는 논리와 과정은 수치로 구성된 정형 데이터에서 빈도를 계산하는 것과 같다. 수치로 된 데이터는 사례(case)로 된 세로축 열(column)과 변인(variable)으로 된 가로축 행(row)으로 구성된다. 텍스트 데이터를 통계분석하기 위해서는 여러 문서로 구성된 말뭉치(corpus)를 하나의 데이터로 보고 텍스트로 된 여러 각 문서를 사례로, 단어를 변수로 간주한다. 따라서 열이 문서로 구성되고 횡은 단어로 구성되는 문서-단어 행렬인 DTM(Document-Term Matrix)을 구축할 수 있다. 예를 들어 스마트폰 사용후기를 바탕으로 다음과 같이 3개의 문서 X, Y, Z가 있다고 할 때 아래와 같이 DTM을 작성할 수 있다.

문서 X : 스마트폰 디자인이 세련되었네요. 배터리 성능 정말 좋아요. 카메라도 좋아요.

문서 Y : 세련된 디자인! 하지만 배터리가 아쉽네요. 가격은 착해요.

문서 Z : 세련된 스마트폰 디자인에 배터리 성능, 카메라, 가격 다 좋아요

	스마트폰	디자인	세련	배터리	성능	정말	다	좋아요	카메라	아쉽네요	가격	착해요	하지만
문서X	1	1	1	1	1	1	0	2	1	0	0	0	0
문서Y	0	1	1	1	0	0	0	0	0	1	1	1	1
문서Z	1	1	1	1	1	0	1	1	1	0	1	0	0

혹은 반대로 단어가 열, 문서가 횡을 구성하는 단어-문서 행렬인 TDM(Term—Document Matrix)을 구축하기도 한다. DTM이나 TDM 모두 특정 문서에 등장하는 특정 단어의 출현 빈도를 표로 나타낸 것이다. 이러한 DTM 혹은 TDM을 바탕으로 전체 말뭉치에서 특정 단어가 총 몇 번이나 등장했는가를 계산하는 빈도분석이 가능하다. 위의 사례에서 스마트폰이라는 단어의 등장빈도는 모두 2번, 디자인은 3번, 착해요는 1번이다. 빈도분석뿐 아니라 비슷한 단어들끼리 묶는 요인분석이나 비슷한 문서끼리 묶는 군집분석, 그리고 더 나아가서 단어들끼리의 동시출현에 기반한 의미 연결망분석이나 토픽 모델링도 가능하다.

다음은 스마트폰에 대한 블로그 글에서 명사를 추출하고, 그 빈도를 각각 계산한 후 등장 빈도가 높은 상위 20개 단어를 제시하는 코드 및 그 결과이다. 먼저 갤럭시 관련 블로그 글을 담은 텍스트 파일을 불러온 후, 형태소 분석과 불용어 처리 등 앞에서 시행했던 자연어 처리 과정을 거친 후 명사만 추출한다.

```
[in]
import pandas as pd
df=pd.read_csv('./data/samsung_galexy.csv', encoding='utf-8')
galexy_posts=df.get('Title') + " " + df.get('Description')
```

```
galexy_post_date=df.get('Post Date')

[in]
from eunjeon import Mecab
tagger=Mecab()

galexy_stop_words = "은 이 것 등 더 를 좀 즉 인 옹 때 만 원 이때 개
일 기 시 럭 갤 성 삼 스 폰 트 드 기 이 리 폴 사 전 마 자 플 블 가 중 북
수 팩 년 월 저 탭"
galexy_stop_words=galexy_stop_words.split(' ')
galexy_stop_words[0:10]

[out]
['은', '이', '것', '등', '더', '를', '좀', '즉', '인', '옹']
```

스마트폰에 대한 블로그 글에서 불용어를 제거한다.

```
[in]
galexy_nouns=[]
for post in galexy_posts:
    for noun in tagger.nouns(post):
        if noun not in galexy_stop_words:
            galexy_nouns.append(noun)

galexy_nouns[0:10]

[out]
['최고', '가성', '삼성', '갤럭시', '갤럭시', '요녀석', '스펙', '코어', '급', '슈퍼']
```

텍스트 데이터에서 출현 빈도가 높은 상위 20개 단어를 추출한다. 단어 빈도 계산을 위해서 Counter 라이브러리를 설치하고, 추출된 상위 20개의 단어 빈도는 dict 함수를 통해 딕셔너리 형태로 저장한다.

```
[in]
from collections import Counter
num_top_nouns=20
galexy_nouns_counter=Counter(galexy_nouns)
galexy_top_nouns=dict(galexy_nouns_counter.most_common(num_
top_nouns))
galexy_top_nouns

[out]
'갤럭시': 3307,
 '삼성': 2577,
 '스마트폰': 377,
 … (중략)
 '버즈': 133,
 '후기': 129,
 '더블': 124
```

2. 단어 구름으로 시각화하기

워드 클라우드(word cloud) 혹은 단어 구름은 텍스트에 담겨 있는 여러 단어들의 등장 빈도를 가장 직관적으로 시각화하는 방법이다. 즉 텍스트에 등장하는 단어를 그 등장 빈도에 따라 서로 크기가 다르게 구름 형태로 표현함으로써, 어떤 단어가 많이 등장하고 어떤 단어가 적게 등장하는가를 한 눈에 알 수 있게 하는 방식이다. 최근에는 언론사에서도 주요 시사 문제를 보도할 때, 어떤 핵심어가 많이 등장했는가를 이러한 단어 구름 형식으로 많이 제시하고 있다. 또 기업체에서도 특정 브랜드에 대한 소비자 의견에서 어떤 단어가 많이 등장했는가를 이러한 단어 구름을 통해 제시함으로써 소비자 반응을 직관적으로 이해할 수 있게 한다. 물론 이것은 텍스트에 어떤 단어가 많이 등장했는가만을 단순하게 시각적으로 표현한 것이기 때문에, 단어들 사이의 연관성이나 의미 구조 등을 분석하는 데는 한계가 있다.

파이썬에서 단어 구름을 사용하기 위해서 matplotlib 라이브러리와 WordCloud 라이브러리를 설치해야 한다. WordCloud 라이브러리는 pip install wordcloud 명령어를 통해서 설치한다.

```
[in]
!pip install wordcloud

[in]
from wordcloud import WordCloud
galexy_wc=WordCloud(background_color="white", font_path='./
font/NanumBarunGothic.ttf')
galexy_wc.generate_from_frequencies(galexy_top_nouns)

[out]
<wordcloud.wordcloud.WordCloud at 0x1d94c8a1160>
```

단어 구름을 생성했으면 화면에 단어 구름을 시각화하기 위해서 매트플롯리브(matplotlib)를 이용한다.

```
[in]
import matplotlib.pyplot as plt
figure=plt.figure()
figure.set_size_inches(10, 10)
ax=figure.add_subplot(1, 1, 1)
ax.axis("off")
ax.imshow(galexy_wc)

[out]
<matplotlib.image.AxesImage at 0x1d94cf1c128>
```

3. 어휘 빈도-문서 역빈도(TF-IDF) 분석

텍스트에 등장하는 단어의 단순한 빈도계산 및 그것을 직관적으로 이해할 수 있도록 시각화하는 단어 구름보다 약간 더 정교한 분석 방법이 어휘 빈도 - 문서 역빈도(TF-IDF; Term Frequency-Inverse Document Frequency) 계산이다. 어떤 어휘가 빈도수가 높다고 해서 텍스트의 주제를 잘 드러내는 핵심어라고 보기 어렵다. 그 어휘가 다른 문서에는 별로 등장하지 않고 특정 문서에만 집중적으로 등장할 때 그 어휘야말로 실질적으로 그 문서의 주제를 잘 담고 있는 핵심어라 할 수 있다. 실제로 텍스트 마이닝을 통해 특정 말뭉치에 등장하는 어휘의 빈도를 계산해 보면 소수의 몇몇 어휘가 대부분의 문서에 집중적으로 등장한다. 영국 소설가 제인 오스틴(Jane Austen)의 소설들에 등장하는 어휘를 추출해 보면 the, and, to, is, of 등의 단어가 거의 대부분의 소설에 압도적으로 많이 등장한다. 즉 다음 도표들에서 보듯이 특정 소수의 단어가 출현빈도의 대부분을 차지하고 나머지 드물게 나타나는 많은 단어들이 긴 꼬리(long tail) 형태로 분포되는 지프의 법칙(Zif's law)이 나타난다(Silge & Robinson, 2017/ 2019).

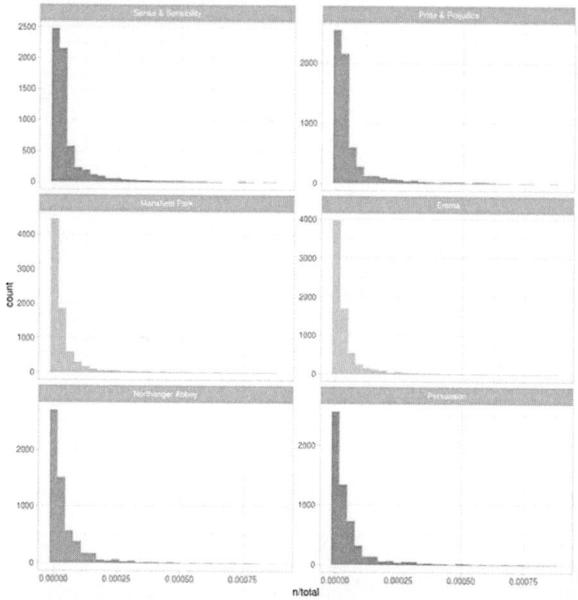

출처: (Silge & Robinson 2017/2019), 40쪽

물론 이러한 어휘들을 불용어 목록(stop word list)에 담아 두었다가 제거할 수도 있다. 하지만 어떤 경우에는 이러한 어휘들이 불용어가 아닌 다른 어휘보다 더 중요할 수도 있다. 따라서 불용어 목록으로 제외시키는 것은 썩 정교한 방법이라 할 수는 없다. 이 문제를 해결하는 또 다른 방법은 모든 문서에 흔히 등장하는 어휘의 중요성은 낮게 평가하면서 특정 문서에만 집중적으로 등장하는 어휘의 중요성에 집중하는 계산법이다.

예를 들어 스마트폰에 대한 소비자 반응을 담은 블로그나 혹은 언론기사를 텍스트 분석한다고 하자. 단순히 텍스트에 등장하는 단어의 횟수만을 계산하여 빈도분석한다면 아마도 '스마트폰'이라는 단어가 가장 많이 등장할 가능성이 높다. 따라서 거의 대부분의 문서에 등장하는 스마트폰이라는 단어는 등장 빈도가 높지만 특정 문서의 핵심어라고 보기 어렵다. 하지만 다른 블로그 혹은 언론기사에는 별로 등장하지 않는 '배터리성능'라는 단어가 특정 블로그/기사에서만 집중적으로 등장한다면, 그 문서는 스마트폰의 배터리성능에 대해서 이야기하고 있다고 간주할 수 있다. 따라서 모든 문서에 많이 등장하는 '스마트폰'이라는 단어보다는 다른 문서에는 별로 등장하지 않고 특정 문서에만 집중적으로 등장하는 '배터리성능'라는 단어가 특정 문서의 주제를 더 잘 표출하는 핵심어라고 볼 수 있다.

즉, 특정 문서에서 특정 단어가 많이 등장하는 빈도가 많으면서 동시에 그 단어가 다른 문서에서 등장하는 빈도가 적을 때, 그 단어야말로 특정 문서의 핵심어로 간주한다. 따라서 특정 문서에서 특정 단어가 많이 등장하는 어휘 빈도(TF: Term Frequency)와 다른 문서에서 등장하지 않는 문서 역빈도(IDF: Inverse Document Frequency)의 곱을 통해 핵심어를 추출한다. 문서 내에서 단어의 중요도를 계산하기 위한 TF-IDF 공식은 다음과 같다.

$$W_{x,y} = tf_{x,y} \times \log(\frac{N}{df_x})$$

$tf_{x,y}$=문서 y에 있는 단어 x의 빈도수
df_x=단어 x가 포함된 문서의 숫자
N=전체 문서 숫자

특정 문서에서 특정 어휘의 등장빈도를 나타내는 TF값은 문서 y 내에서 어휘 x가 등장하는 빈도수를 문서 y 내의 모든 어휘가 등장하는 빈도수로 나누어 얻은 값이다. 역문서빈도 IDF 값은 전체 문서의 수를 특정 어휘 x가 담긴 문서의 수로 나눈 다음에 로그를 취해서 계산한다. 두 값을 곱한 TF-IDF는 1에 가까울수록 중요도가 높고 0에 가까울수록 중요도가 낮다.

앞에서 단순 등장빈도만을 기준으로 상위 핵심어 20개를 추출했던 스마트폰 관련 텍스트 사례에서 어휘 빈도-문서 역빈도(TF-IDF)를 구해보자. 블로그 내용에서 빈도가 높은 단어에 대해서 TF-IDF 값을 구하기 위해서는 TfidfVectorizer 라이브러리를 설치해야 한다. 그리고 추출한 50개의 명사가 블로그 내용에서 어떤 TF-IDF 값을 가지는지 배열 형태로 출력한다.

```
[in]
from sklearn.feature_extraction.text import TfidfVectorizer
```

```
galexy_tfidv=TfidfVectorizer().fit(galexy_top_nouns)
galexy_tfidv.transform(galexy_posts).toarray()
```

```
[out]
array([[0.        , 0.89442719, 0.        , ..., 0.        , 0.        ,
        0.        ],
       [0.        , 0.        , 0.        , ..., 0.        , 0.        ,
        0.        ],
       ...,(중략)
       [0.        , 0.        , 0.        , ..., 0.        , 0.        ,
        0.        ],
       [0.        , 0.70710678, 0.        , ..., 0.        , 0.        ,
        0.        ]])
```

TF-IDF 값에 대해서 테이블 형태로 살펴보기 위해 DataFrame을 이용하여 출력한다.

```
[in]
pd.DataFrame(galexy_tfidv.transform(galexy_posts).toarray())
```

```
[out]
```

	0	1	2	3	4	...
0	0.000000	0.894427	0.000000	0.000000	0.0	...
1	0.000000	0.000000	0.000000	0.000000	0.0	...
2	0.000000	0.666667	0.000000	0.000000	0.0	...
3	0.000000	0.707107	0.000000	0.000000	0.0	...
4	0.000000	0.408248	0.000000	0.000000	0.0	...
5	0.000000	0.801784	0.000000	0.000000	0.0	...
6	0.000000	0.639602	0.000000	0.000000	0.0	...

7	0.000000	0.000000	0.000000	0.000000	0.0	...
8	0.000000	0.447214	0.000000	0.000000	0.0	...
9	0.000000	0.377964	0.000000	0.000000	0.0	...
...	...	...	...	...	...	...

1000rows×20columns

실습용 예제

지속가능성 경영에 관한 텍스트 데이터(CEO3.csv)의 핵심어 빈도 분석 코딩을 해 보라.

08.

의미 연결망분석

1. 사회(의미) 연결망분석의 기본개념

다른 분석기법이 사람과 사물 등 대상 자체의 속성에 주목하여 분석했다면 사회 연결망분석(SNA: Social Network Analysis)은 분석 대상(node)이 서로 어떻게 관련을 맺고(tie) 연결망(network)을 구성하는가에 주목하여, 대상들간의 관계를 연결망 구조로 표현하고 이를 계량적으로 제시하는 분석기법이다. 사회연결망분석은 사회학은 물론 경영, 인문, 공학 등 여러 분야에 널리 활용되고 있는데, 특히 트위터나 페이스북 등 소셜미디어(Social Media)가 대중화되면서 소셜미디어를 통해서 서로 어떻게 연결되는가를 분석하는 데 효과적이다(김용학, 2003).

연결망을 구성하는 분석 대상은 사람과 사람이거나 장소, 사건, 제품, 기업 등 다양한데, 사회연결망을 구성하는 노드는 여러 가지일 수 있다. 예를 들어 페이스북이나 트위터 같은 SNS에서 서로 친구를 맺거나 게시물을 공유하는 사람일 수 있고, 함께 작업하는 공동작업자 혹은 인용한 논문의 저자, 서로 거래를 하는 기업들, 특정 상품을 구매한 소비자가 동시에 구매했던 다른 상품, 동일한 방송 뉴스에서 보도된 범죄사건 등 다양하다.

이러한 연결망분석 기법을 텍스트 내 단어의 관계에 적용하여 텍스트의 의미구조를 파악하려는 분석기법이 의미 연결망분석(Semantic Network Analysis)이다. 의미 연결망분석에서는 일정한 범위 내에서 어휘가 동시에 등장하면 이를 서로 연결된 것으로 간주하여 의미 연결망으로 분석한다. 예를 들어 어떤 블로그 글의 제목에는 스마트폰과 배터리라는 단어가 등장하고 다른 블로그 글의 제목에는 배터리와 카메라라는 단어가 등장한다면, 스마트폰과 배터리는 동시출현 단어로 의미상 서로 연결되어 있고 배터리는 다시 카메라와 동시출현 단어로 의미상 서로 연결되어 있는 것으로 간주한다. 물론 세 단어가 전부 한 블로그 글의 제목에 동시에 출현한다면, 이 세 단어는 의미상 서로 연결되어 있는 것으로 간주한다.

여기서 분석단위의 노드(node)에 해당하는 어휘는 일정한 의미를 부여할 수 있는 언어 단위이다. 그 범위는 문자에서부터 형태소, 단어, 합성어 혹은 구 이상의 단위까지 다양하다. 또 어휘가 동시에 등장하는 범위도 다양하다. 신문기사나 인용구와 같은 구에서부터 절, 문장, 단락, 문단, 장, 그리고 문서 전체까지 여러 수준에서 설정할 수 있다. 즉 한 문장 내에서 혹은 한 문서 내에서 동시에 등장하는 단어나 구는 서로 연결되어 있다고 간주하여 의미 연결망을 구성한다.

의미 연결망의 인지적 전제는 두 개 이상의 단어가 서로 가까운 거리에서 배치되어 동시에 출현한다면 그 단어들은 서로 밀접하게 연결되어 의미를 발생한다고 본다. 어떤 문장에서 스마트폰, 고가, 저렴, 할인혜택, 가성비 등의 단어가 동시에 출현했다면 그 문장은 스마트폰의 가격에 관한 의미를 담고 있는 것이고, 어떤 블로그에서 스마트폰이란 단어가 색상, 화려, 세련, 외관, 곡면 등의 단어와 동시에 출현해서 서로 연결된다면 그 블로그는 스마트폰의 디자인과 관련된 내용의 텍스트일 것으로 추정할 수 있다.

연결망분석을 위해서는 몇 가지 핵심개념을 이해해야 한다. 우선 연결망분석의 기초는 행렬과 그래프에 대한 이해이다. 예를 들어 A, B, C, D, E 5개의 노드가 5개의 엣지(edge), 즉 변으로 연결되어 있다고 가정하자. 여기서 서로 연결되어 있는 A, B, C… 등은 사회연결망에서는 집단이나 개인, 사건, 사물 등이 될 수 있다. 의미 연결망에서는 동일한 문서 혹은 문단, 문장에서 동시에 출현한 어휘들일 수 있다. 예를 들어 특정 스마트폰에 대한 사용후기를 바탕으로 아래와 같이 3 개의 문서로 구성된 말뭉치가 있다고 해보자.

문서 X : 스마트폰은 디자인!
문서 Y : 카메라 성능이 좋아요
문서 Z : 디자인도 좋네요

텍스트의 의미 연결망분석을 하려면 텍스트의 핵심어휘 목록을 먼저 작성한다. 이 말뭉치에서 핵심 어휘들은 '스마트폰, 디자인, 카메라,

좋아요(좋네요), 성능'이다. 이 핵심어휘들이 문서별로 얼마나 등장하는가를 문서-단어 행렬(DTM) 혹은 단어-문서 행렬(TDM)을 구축할 수 있다. 그리고 각각의 문서 단위에서 핵심단어들이 동시에 출현하는 빈도에 기초하여 인접행렬(adjacent matrix)을 만들 수 있다. 노드에 해당하는 단어들이 같은 문서에서 동시에 출현하면 서로 연결되어 있는 것으로 간주한다. 스마트폰과 디자인이란 단어는 문서 X에서 동시에 출현했기 때문에 연결되어 있고, 또 디자인이란 단어는 '좋다'라는 단어와 문서 Z에서 동시에 출현하기 때문에 서로 연결된 것으로 간주한다. 이러한 연결관계를 정리한 인접행렬과 그 관계를 알기 쉽게 시각화한 연결망 그래프는 다음과 같다.

인접행렬

	A (스마트폰)	B (디자인)	C (좋다)	D (카메라)	E (성능)
A (스마트폰)	0	1	0	0	0
B (디자인)	1	0	1	0	0
C (좋다)	0	1	0	1	1
D (카메라)	0	0	1	0	1
E (성능)	0	0	1	1	0

연결망 그래프

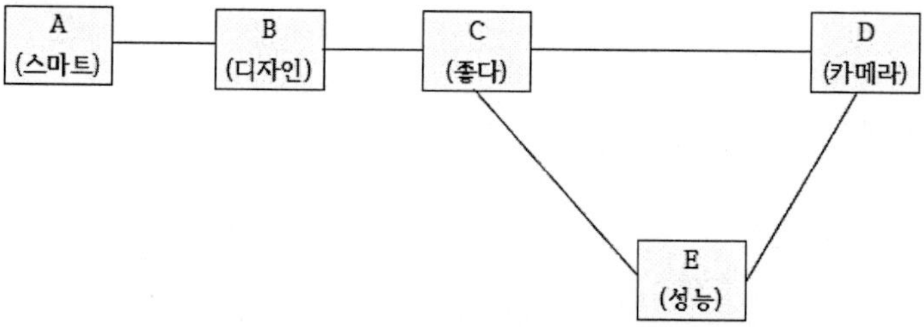

(i, j) 사이의 관계가 있고 없음을 1과 0으로 나타내는 인접행렬에서 각 행렬의 항(cell)은 i로부터 j에 이르는 관계를 표현한다. 예를 들어 노드 B에서 C에 이르는 (B, C)항과 B에서 A에 이르는 (B, A)항은 서로 연결되어 있어서 각각 1로 표시하지만, B에서 D나 E에 이르는 (B, D)항이나 (B, E)항은 서로 연결되어 있지 않아서 각각 0으로 표시한다. A에서 A, 혹은 B에서 B에 이르는 항인 인접행렬의 대각선은 일반적으로 0으로 표시한다. 이 연결망은 방향성이 없기 때문에 대각선을 기준으로 서로 대칭되는 항들의 값이 동일하다. 즉, A에서 B에 이르는 항과 B에서 A에 이르는 항의 값이 서로 동일하게 1이다. 만약 이 연결망에서 A에서 B로의 방향성만 갖는다면 (A, B)항의 값은 1이지만 (B, A)항의 값은 0으로 표시한다.

연결망분석은 사회학의 사회연결망이론뿐 아니라 연결망이론의 모태라 할 수 있는 수학의 그래프 이론(graph theory)에서도 그 젖줄을 대고 있다. 컴퓨터 과학(computer science)이나 연결망 과학(network science)에서는 연결망을 그래프의 한 종류로 간주하여, 노드와 엣지에 속성(예를 들어 이름)을 가진 그래프가 연결망이라고 설명한다(임동훈, 2015). 따라서 어떤 텍스트 마이닝 책에서는 연결망분석을 그래프 분석(graph analysis)으로 부르기도 한다(Bengfort, Bilbro & Odeja, 2018). 그래프 이론에 의거해서 설명하면 위 그림의 그래프 G는 노드에 해당하는 꼭짓점(vertex) V와 그 꼭짓점 사이의 연결을 나타내는 변(edge) E의 집합으로 다음과 같이 표시한다.

G=(V, E)
V={A, B, C, D, E}

E={(A, B), (B, C), (C, D), (D, E,), (E, C)}

그래프는 앞의 그림처럼 방향이 없는 그래프(undirected graph)도 있지만 방향이 있는 그래프(directed graph)도 있다. 트위터에서 A가 B를 팔로우(follow)하지만 B는 A를 팔로우하지 않을 때, 또는 A기업은 B기업에 하청을 주고 B기업은 C기업에 하청을 주는 경우 등의 그래프는 방향성이 있는 연결망이다. 또 엣지에 가중치를 부여하면 가중치 그래프(weighted graph), 음양의 부호를 부여하면 부호화된 그래프(signed graph)가 된다. 예를 들어 직장 내 인간관계에 대한 연결망에서 두 사람 사이의 친밀함 수준이 다른 경우 그 연결의 강도를 다르게 표현할 수 있고, 호의적이어서 긍정적 관계이거나 적대적이어서 부정적 관계로 표시될 수도 있다. 전체 연결망 중에서 서로 모두 직접적으로 연결되어 있어 강한 결속력을 나타내는 노드들은 결속집단(clique)을 구성한다. 그림에서 노드 C, D, E는 모두가 서로 직접적으로 연결되어 있고 다른 결속집단에 속해 있지 않기 때문에 전체 연결망 중에서도 단단하게 결합된 결속집단을 이룬다고 할 수 있다.

2. 의미 연결망의 속성

연결망의 속성은 연결망 결속을 나타내는 몇 가지 지표들을 통해서 분석할 수 있다. 먼저 연결망의 형태와 관련된 지표로는 포괄성, 밀도, 연결정도와 허브 등이 있고, 연결망의 내용과 관련된 지표로는 연결의 강도와 지속기간이 있다. 연결망의 포괄성(inclusiveness)은 한 그래프에 포함된 노드의 총수에서 서로 연결되지 않은 노드들의 수를 뺀 수의 비율을 말한다. 사례 그림에서 전체 노드 수는 5개이고 서로 연결된 노드의 수도 5개이다. 따라서 포괄성은 5/5 = 1로, 이 연결망은 서로 연결되지 않아 고립된 노드가 없어 매우 포괄적인 연결망이다.

밀도(density)는 노드 사이에 가능한 모든 관계 중에서 실제로 맺어진 관계의 비율을 말하는 것으로, 실제의 엣지 수를 가능한 총 엣지 수로 나눈 값이다. n개의 노드 사이에 방향성을 고려하지 않았을 때 맺을 수 있는 모든 연결의 수는 n(n-1)/2이다. 사례 그림에서는 노드가 5개이므로 총 5x(5-1)/2 = 10개의 엣지가 가능하다. 실제 맺어진 엣지 수는 5개이므로 밀도는 5/10 = 0.5이다.

	A	B	C	D	E
연결정도	1	2	3	2	2
연결 중심성	1/4 = 0.25	2/4 = 0.5	3/4 = 0.75	2/4 = 0.5	2/4 = 0.5
매개 중심성	0/6 = 0	3/6 = 0.5	4/6 = 0.66	3/6 = 0.5	3/6 = 0.5
근접 중심성	4/9 = 0.44	4/7 = 0.57	4/5 = 0.8	4/7 = 0.47	4/7 = 0.57

연결정도(degree)는 한 노드에서 맺고 있는 노드의 숫자를 말하는 것으로 각 노드마다 그 값이 다르다. 그림에서 A는 B하고만 연결되어 있어서 연결정도는 1이고, C는 B, D, E와 연결되어 있기 때문에 그 연결정도는 3이다. 위의 표는 각 노드의 연결정도 값을 나타낸 것이다. 방향성이 있는 연결망에서는 연결정도를 외향 연결정도(outdegree)와 내향 연결정도(indegree)로 구분할 수 있다. 예를 들어 직장 내 비공식 정보흐름에 대한 연결망에서 외향 연결정도가 높은 사람은 다른

사람에게 정보를 많이 전하는 사람이고, 내향 연결정도가 높은 사람은 다른 사람으로부터 정보를 많이 듣는 사람이다.

연결정도의 분포(degree distribution)는 그래프에서 연결정도 k를 갖는 노드의 비율을 말한다. 연결정도 k를 갖는 노드의 수를 N(k)라고 할 때 연결정도의 분포 P(k)는 N(k)를 노드 수로 나눈 값이다. 그림에서 연결정도 1인 노드는 A뿐이기 때문에 N(1)은 1이고, 전체 노드수 5로 나누면 P(1)은 1/5 = 0.2이다. 연결정도 2인 노드는 B, D, E의 3개이기 때문에 N(2)값은 3이고 P(2)값은 3/5 = 0.6이다. 마찬가지로 연결정도 2인 노드는 C하나로 N(3) = 1, P(3) = 0.2(1/5)이다. 이 그림의 연결정도 분포를 그림으로 표시하면 다음과 같다. 연결정도 분포는 평균값을 중심으로 좌우가 거의 비슷하게 분포하는 정규분포(normal distribution) 형태로 나타나거나, 소수의 값이 정점을 찍으면서 절대적인 비율을 차지하고 나머지 값들이 긴 꼬리를 보이면서 기하급수적으로 감소하는 멱함수(power function) 형태로 나타나기도 한다.

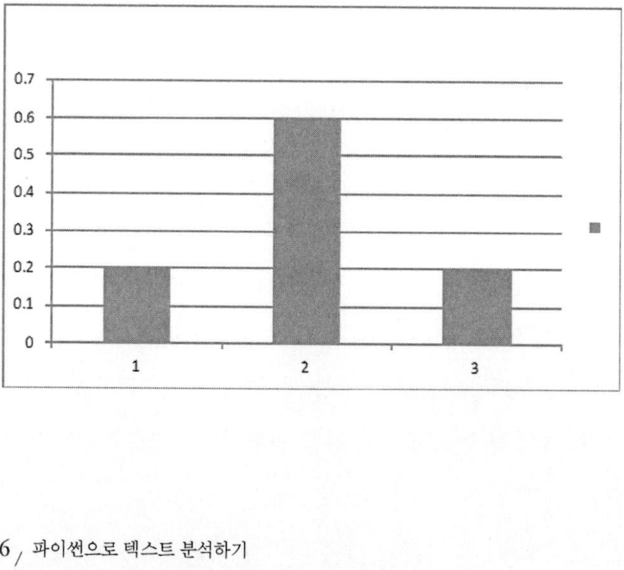

또 어떤 연결망에서 연결정도가 가장 높은 노드가 그 연결망의 허브(hub)이다. 입소문 마케팅에서 브랜드에 대한 정보가 널리 퍼지게 하기 위해서 연결망에서 연결정도가 높은 바로 이런 허브를 찾는 것이 중요하다. 의미 연결망에서는 텍스트 내에서 다른 단어와 많이 연결되어 있는 단어가 그 텍스트의 핵심적인 의미를 담고 있을 가능성이 높다.

연결의 강도는 연결망의 노드들이 얼마나 자주 연결되는가의 빈도를 말하며 지속시간은 얼마나 오랫동안 연결되어 있는가를 말한다. 예를 들어 영화제작에서 서로 연결된 감독과 배우라 하더라도 같이 작업하는 횟수가 다를 수 있고 그 지속되는 기간이 감독-배우의 조합에 따라 다를 수 있다. 같은 텍스트에서 서로 동시출현하는 단어들의 조합에서도 동시출현의 빈도가 다르면 연결의 강도는 다르다.

연결망분석에서 가장 많이 주목하는 속성은 노드의 중심성 지표이다. 조직 내 비공식적 인간관계에서 어떤 사람이 다른 사람과 가장 많이 연결되어 있고, 다른 사람과의 연결 없이 외톨이로 떨어져 있는 사람은 누구인가? 인터넷 쇼핑사이트의 동시구매되는 브랜드 중에서 다른 브랜드와 가장 많이 연결된 브랜드는 무엇인가? 텍스트의 동시출현 단어들 중에서 어떤 단어가 다른 단어들과 가장 많이 연결되어 있는가? 이러한 의문에 답하기 위해 연결망에서 노드의 속성을 측정하는 지표가 중심성이다. 의미 연결망에서 중심성은 한 단어가 전체 연결망에서 중심에 위치하는 정도를 표현하는 지표로, 이는 다시 연결 중심성, 매개 중심성, 근접 중심성, 위세 중심성으로 구분한다.

연결 중심성(degree centrality)은 가장 기본적이고 직관적으로 중심성을 측정하는 지표로, 텍스트에서 한 단어에 직접 연결된 다른 단어의 수가 많으면 연결 중심성이 높다고 본다. 연결정도만으로 측정하면 연결망의 크기에 따라 달라져서 비교하기 어렵기 때문에 여러 방법으로 표준화시킨다. 특정 노드 i와 직접적으로 연결된 노드의 수를 노드 i와 직간접적으로 연결된 모든 노드의 수로 나눈 값으로 측정한다. 사례 그림에서 노드A가 직접적으로 연결된 노드 수는 B 하나이며, 직간접적으로 연결된 모든 노드 숫자는 B, C, D, E로 4이다. 따라서 A의 연결중심성은 1/4 = 0.25이다. 다른 노드들의 연결 중심성도 같은 방식으로 계산하면 앞의 표와 같다.

매개 중심성(betweenness centrality)은 한 단어가 다른 단어들과의 연결망을 구축하는 데 매개자 역할을 얼마나 수행하는지 측정하는 개념이다. 잠재적 중개역할이 클수록 전체 연결망을 제어하는 힘도 커진다. 단어들의 등장빈도가 낮더라도 매개 중심성이 높으면 단어들간 의미부여 역할이 커지기 때문에 해당 단어를 제외하면 문장의 소통이 어려워진다. N개의 노드를 가진 연결망에서 노드 i와 j사이의 최단 경로가 노드 m을 실제로 통과하는 숫자로 매개 중심성을 파악하는데, 이 값을 표준화시키기 위해서 노드 m을 통과하는 경로의 최대값인 (N-1) x (N-2) / 2로 나누어준다. 사례그림에서 노드 수는 5개이므로 특정 노드를 통과하는 경로의 최대값은 (5-1) x (5-2) / 2 = 6이다. 노드 A는 연결망 경로의 끝에 있어서 A를 관통하는 두 노드 사이의 최단경로가 존재하지 않기 때문에 0이다. 노드 B를 포함하는 최단경로는 (A, C), (A, C, D), (A, C, E)의 3개이기 때문에 매개 중심성은 3/6 = 0.5이다.

근접 중심성(closeness centrality)은 한 단어가 다른 단어에 얼마나 가깝게 있는지를 측정하는 개념으로 두 단어 사이의 거리가 핵심이다.

연결 중심성이 직접 연결된 단어를 중심으로 측정된다면, 근접 중심성은 직접 연결뿐 아니라 간접적으로 연결된 모든 단어들 사이의 거리도 측정한다. 근접 중심성이 높을수록 전체 연결망의 중심적 위치에서 다른 단어들과 가까이 위치한다고 해석할 수 있다. 또한 다른 단어와 가깝게 있다면 그들과 쉽게 관계를 맺을 수 있는 것으로 볼 수 있다. 인접 중심성 지표 측정을 위해서 특정 노드 i에서 모든 노드에 이르는 최단경로의 수를 모두 더한 수가 분모가 되며, 모든 노드의 수에서 1을 뺀 수가 분자가 된다. 사례 그림에서 전체 노드 수는 5개이므로 분자는 5-1 = 4이다. 노드 A에서 B에 이르는 최단경로는 1, C에 이르는 최단경로는 2, D와 E는 각각 3이므로 분모는 이들을 전부 더한 1+2+3+3 = 9이다. 따라서 A의 인접 중심성 값은 4/9 = 0.44이다.

위세 중심성(eigenvector centrality)은 연결된 상대 단어의 중요성에 가중치를 둔다. 이것은 중요한 단어와 많이 연결될수록 높아진다. 연결 중심성이 얼마나 많은 다른 단어와 연결되어 있는가를 중시하고, 매개 중심성이 다른 단어들 사이에 얼마나 매개자 역할을 수행하는가에 가중치를 둔다면, 위세 중심성은 얼마나 중요한 단어와 연결되어 있는가를 중시한다. 위세 중심성은 아이겐벡터로서 인접해 있는 노드의 위세점수와 관련되어 있기 때문에 간단하게 손으로 계산하기는 쉽지 않다. 아이겐벡터의 값을 구하는 공식을 포함해서 네트워크엑스(networkX)에서 각 지표를 구하는 공식을 정리하면 다음과 같다.

연결 중심성

$$\text{degree}_{ik} = \sum_{i=1}^{N} Z_{ijk} = Z_{jk}$$

$$outdegree_{ik} = \sum_{j=1}^{N} Z_{ijk} = Z_{ik}$$

$$C_i = \sum_{j=1}^{n}(Z_{ij} + Z_{ji}) / \sum_{i=1}^{n}\sum_{j=1}^{n}(Z_{ij}) \quad 단, 0 \le C_i \le 1$$

매개 중심성

$$C_B'(p_m) = \frac{\sum_{i}^{N}\sum_{j}^{N}\frac{g_{imj}}{g_{ij}}}{(N^2 - 3N + 2/2)} \quad 단, i < j \ i \ne j$$

근접 중심성

$$Cc(A) = \frac{1}{\frac{1}{N-1}\sum_{X \ne A} l_{X,A}} = \frac{N-1}{\sum_{X \ne A} l_{X,A}}$$

위세 중심성

$$P_i = \sum_{j=1}^{N-1} P_i Z_{ji}, \quad O \le P_i \le 1$$

삼성 갤럭시에 대한 온라인 블로그 글을 텍스트 데이터로 삼아 핵심어 사이의 의미 연결망을 분석하고 중심성 지수 등을 파이썬 코드로 산출해 보자. 주요 단어 20개를 가지고 의미 연결망을 만들어 중심성 지수를 구하기 위해 먼저 필요한 라이브러리를 설치해야 한다. 문장들을 나누기 위해 정규화 라이브러리 re를 설치하고, 의미 연결망분석을 위해 networkx 라이브러리를 설치한다.

```
[in]
import re
import networkx as nx
```

블로그 내용에 대해서 문장으로 나누기 위해서 문장의 끝을 나타내는 ';', '.', '?', '!'를 구분자로 사용한다.

```
[in]
galexy_sentences=[]
for post in galexy_posts:
    galexy_sentences.extend(re.split('; |₩.|₩?|₩!', post))
galexy_sentences[0:10]

[out]
['최고의 가성비 삼성 갤럭시 J5 바로 갤럭시 J5다',
 ' 요녀석의 스펙은 64비트 옥타코어 HD급 슈퍼 아몰레드 32기가의 메모
리다',
 … (중략)
 '[휴대폰추천] 삼성갤럭시S10+ – 프리즘 화이트 제품 패키지 모습 이번에
그래서 구매하게 된 나의 삼성갤럭시S10+ 그것도 자급제폰으로 구매를 해
서 일시불로 때려박았다 할부의 노예가 되기 싫어서 ㅋㅋㅋㅋㅋㅋㅋㅋㅋㅋ
제일 처음 요 아이를 접한게 삼성디',
 '',
 '']
```

블로그 내용을 문장별로 구분하고, 구분된 문장 별로 명사를 추출하여 정리한다.

```
[in]
galexy_sentences_nouns=[]
for sentence in galexy_sentences:
    sentence_nouns = tagger.nouns(sentence)
    galexy_sentences_nouns.append(sentence_nouns)
galexy_sentences_nouns[0:10]

[out]
[['최고', '가성', '삼성', '갤럭시', '갤럭시', '다'],
 ['녀석', '스펙', '코어', '급', '슈퍼', '아몰레드', '기가', '메모리'],
 ['삼성', '페이도'],
 …(후략) ]
```

상위 단어 top_nouns에 대해서 key에 해당하는 단어, value에 해당하는 id를 넣어 딕셔너리 형태(word2id)로 저장한다.

```
[in]
galexy_word2id=w: i for i, w in enumerate(galexy_top_nouns.keys())
galexy_word2id

[out]
'갤럭시': 0,
 '삼성': 1,
 '스마트폰': 2,
```

```
…,
'버즈': 17,
'후기': 18,
'더블': 19
```

상위 단어 top_nouns에 대해서 key에 해당하는 id, value에 해당하는 단어를 넣어 딕셔너리 형태(id2word)로 저장한다.

```
[in]
galexy_id2word=i: w for i, w in enumerate(galexy_top_nouns.keys())
galexy_id2word

[out]
0: '갤럭시',
 1: '삼성',
 2: '스마트폰',
 …,
 17: '버즈',
 18: '후기',
 19: '더블'
```

상위 단어들에 대해서 그 개수만큼의 인접 행렬을 만들고, 문장 내에 상위 단어가 함께 포함된 비중에 따라 가중치를 계산하여 행렬에 표현한다. 인접 행렬을 생성하기 위해서 이전에 생성해둔 word2id를 이용한다. 행렬에서 만약 가중치가 0 이상이면 서로 연결되어 있음을 의미한다.

```
[in]
import numpy as np
galexy_adjacent_matrix=np.zeros((num_top_nouns, num_top_
nouns), int)
for sentence in galexy_sentences_nouns:
    for wi, i in galexy_word2id.items():
        if wi in sentence:
            for wj, j in galexy_word2id.items():
                if i !=j and wj in sentence:
                    galexy_adjacent_matrix[i][j]+=1
galexy_adjacent_matrix

[out]
array([[   0, 1676,  298,  262,  217,  169,  130,  165,  158,  137,  121,
         143,  133,  123,  110,  105,  111,   92,   98,   94],
       [1676,    0,  261,  117,  185,  127,  104,  129,  131,  109,   97,
         106,  114,   96,   94,   96,   85,   72,   91,   81],
   ...
       [  98,   91,   16,   10,    7,   13,    9,    1,   39,    5,   10,
           2,    2,    5,    5,    6,    4,   13,    0,    0],
       [  94,   81,   36,   31,   18,    0,    1,   68,    2,    2,    1,
          35,    1,    4,    8,   10,    3,    0,    0,    0]])
```

인접 행렬로 연결망을 만들고 연결망에 포함된 인접 행렬에 대한 결과를 살펴본다.

```
[in]
galexy_network=nx.from_numpy_matrix(galexy_adjacent_matrix)
```

```
list(galexy_network.adjacency())
```

```
[out]
[(0,
  1: 'weight': 1676,
   2: 'weight': 298,
   3: 'weight': 262,
   4: 'weight': 217,
   5: 'weight': 169,
         …(후략) ]
```

생성된 연결망 데이터를 시각화하여 나타낸다. 여기서 labels 값으로 이전에 생성한 id2word를 이용하고, 그래프에 표시될 한글폰트를 설치한다.

```
[in]
import matplotlib.pyplot as plt
from matplotlib import font_manager as fm
from matplotlib import rc

font_path="./font/NanumBarunGothic.ttf"
font_name = fm.FontProperties(fname=font_path).get_name()
rc('font', family=font_name)

fig=plt.figure()
fig.set_size_inches(20, 20)
ax=fig.add_subplot(1, 1, 1)
ax.axis("off")
```

```
option=
    'node_color' : 'lightblue',
    'node_size' : 2000,
    'size' : 2

nx.draw(galexy_network, labels=galexy_id2word, font_family=font_
name, ax=ax, **option)
```

[out]

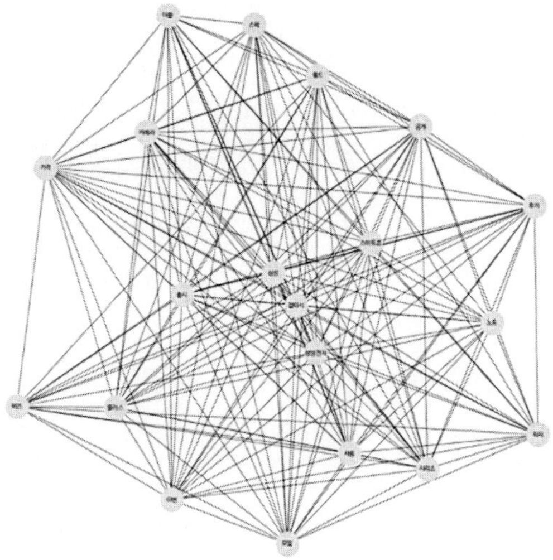

의미 연결망을 시각화하는 표현방법에는 여러 가지가 있다. 여기서는 Random Layout, Circular Layout, Spectral Layout, Spring Layout 형태로 시각화하여 표현한다.

[in]

```
fig=plt.figure()
fig.set_size_inches(20, 20)
option=
    'node_color' : 'lightblue',
    'node_size' : 500,
    'size' : 100


plt.subplot(221)
plt.title('Random Layout', fontsize=20)
nx.draw_random(galexy_network, labels=galexy_id2word, font_
family=font_name, **option)
plt.subplot(222)
plt.title('Circular Layout', fontsize=20)
nx.draw_circular(galexy_network, labels=galexy_id2word, font_
family=font_name, **option)
plt.subplot(223)
plt.title('Spectral Layout',fontsize=20)
nx.draw_spectral(galexy_network, labels=galexy_id2word, font_
family=font_name, **option)
plt.subplot(224)
plt.title('Spring Layout',fontsize=20)
nx.draw_spring(galexy_network, labels=galexy_id2word, font_
family=font_name, **option)
```

[out]

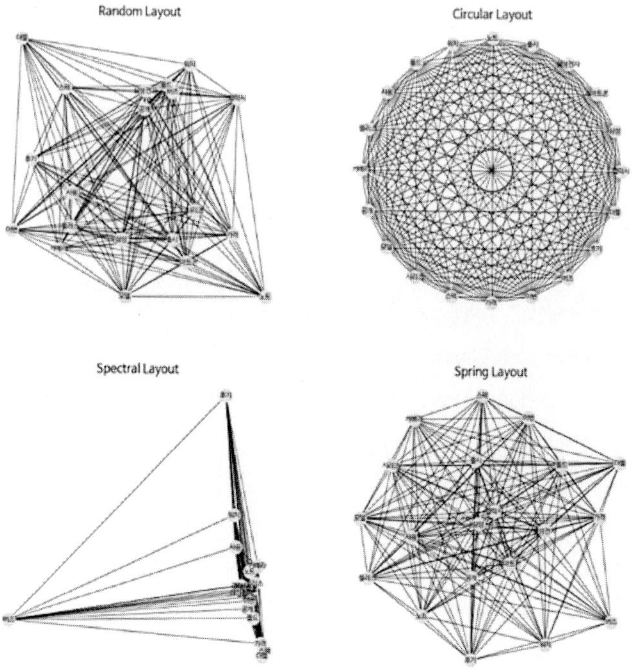

NetworkX 라이브러리에는 여러 중심성 지수 함수가 포함되어 있다. 이 중에서 연결 중심성(degree centrality), 위세 중심성(eigenvector centrality), 근접 중심성(closeness centrality), 매개 중심성(betweenness centrality) 지수를 산출해 본다.

```
[in]
# 연결 중심성
nx.degree_centrality(galexy_network)

[out]
```

```
0: 1.0,
 1: 1.0,
 2: 1.0,
 ··· (중략),
 17: 0.7894736842105263,
 18: 0.9473684210526315,
 19: 0.8421052631578947
```

[in]

```
# 위세 중심성
nx.eigenvector_centrality(galexy_network, weight='weight')
```

[out]

```
0: 0.6491158843793962,
 1: 0.6323746169882958,
 2: 0.19523047143189698,
 ··· ,
 17: 0.054898445647190096,
 18: 0.065946418395049999,
 19: 0.06723848449924384
```

[in]

```
# 근접 중심성
nx.closeness_centrality(galexy_network, distance='weight')
```

[out]

```
0: 0.010074231177709438,
 1: 0.012434554973821989,
 2: 0.076,
```

```
 … ,
 17: 0.08189655172413793,
 18: 0.08085106382978724,
 19: 0.08050847457627118
```

```
[in]
# 매개 중심성
nx.current_flow_betweenness_centrality(galexy_network)
```

```
[out]
0: 0.05668138801273454,
 1: 0.0566813880127345,
 2: 0.0566813880127345,
  … ,
 17: 0.048944753402778735,
 18: 0.05504797684607421,
 19: 0.05109600430474165
```

실습용 예제

지속가능성 경영에 관한 텍스트 데이터의 의미 연결망분석(SNA)을 하고 중심성 지수를 구하는 코딩을 해보라.

09.

군집분석

1. 군집분석의 기본개념

군집분석(clustering analysis)이란 주어진 대상물을 비슷한 것끼리 분류하여 묶는 분석방법이다. 텍스트 분석에서는 여러 텍스트 문서들이 있을 때 같은 군집(cluster)으로 묶여진 텍스트 문서들끼리는 최대한 비슷하면서, 다른 군집으로 묶여진 문서들과는 최대한 비슷하지 않도록 분류한다. 다음 그림에서는 이것을 집단 내 동질성 즉 군집 내 거리(intra-cluster distance)는 최소화하고 집단 간 이질성 즉 군집 간 거리(inter-cluster distance)는 최대화하는 것으로 표현했다.

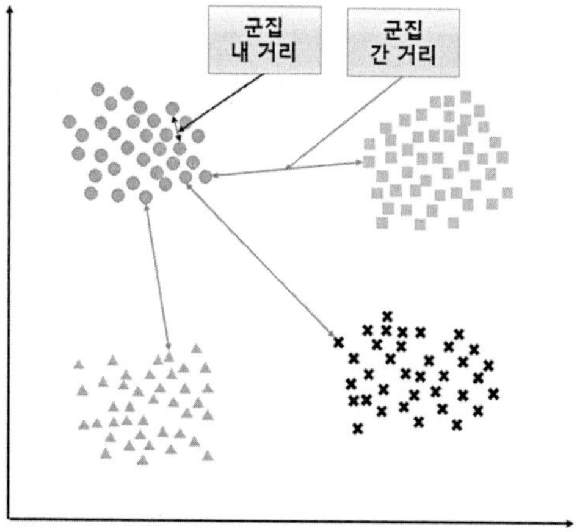

요인분석이 비슷한 속성을 측정하는 변인들을 묶어 집단화하는 분석이라면 군집분석은 변인들의 속성에 근거해서 비슷한 속성들을 가진 사례들을 묶어주는 분석이다. 이를테면 스마트폰 소비자 300명을 대상으로 나이, 성별, 사용기간, 만족도 등 10개의 변인으로 측정한 설문조사 데이터가 있다고 할 때, 비슷한 변인끼리 몇 개의 집단으로 묶는 것이 요인분석이고 비슷한 응답자끼리 몇 개의 집단으로 묶는 것이 군집분석이다.

또 기계학습(machine learning)의 관점에서 보면, 텍스트 군집화(text clustering)는 비지도학습(unsupervised learning)이고 텍스트분류(text classification)는 지도학습(supervised learning)이다. 텍스트 군집화가 사전에 분류기준 등이 주어지지 않은 상태에서 텍스트를 속성에 따라서 비슷한 것끼리 묶는 분석이라면, 텍스트 분류는 사전에 분류기준이 주어지고 그 기준에 따라 텍스트가 어디에 속하는가를 판별하는 분석이기 때문이다. 예를 들어 전체 스마트폰에 대한 언론보도

기사를 비슷한 것끼리 묶는 작업은 텍스트 군집분석이다. 반면에 언론기사를 사전의 분류기준에 따라 삼성에 대한 기사인지 애플에 대한 기사인지를 판별하거나, 긍정적 기사 대 부정적 기사로 골라내는 것은 텍스트 분류이다.

군집분석은 다양한 영역에서 정형 데이터를 분석할 때 많이 활용되어 왔다. 이를테면 광고 마케팅 분야에서 소비자 조사 데이터를 바탕으로 소비자를 비슷한 집단끼리 묶어내는 표적시장 세분화 전략이나 심리학의 심리검사 데이터를 바탕으로 비슷한 유형의 성격 집단으로 묶는 작업 등이다. 비정형 데이터인 텍스트 마이닝 영역에서도 유사 중복문서 검출, 검색엔진 최적화, 추천 시스템, 문서요약 등 폭넓게 응용되고 있다. 유사 중복문서 검출(near duplicates detection)은 똑같지는 않지만 상당 부분 유사한 내용의 문서를 찾아내는 작업으로 인터넷 블로그 글 중에서 20-30% 정도가 유사 중복문서이며 최근에는 기사 어뷰징 등으로 언론기사의 상당부분이 유사 중복문서이다. 검색엔진 최적화(Search Engine Optimation: SEO)는 이러한 유사 중복문서 검출을 통해서 최적의 웹사이트가 검색 시 상단에 위치하도록 하는 것이다. 추천시스템(recommendation system)은 어떤 정보를 검색한 이용자가 관심을 가질 만한 유사한 정보를 추천해 주는 것이고, 문서요약(document summarization)은 중복되는 내용을 줄여서 문서 크기를 줄이는 작업으로 지식관리 시스템이나 전자 도서관 등에서 활용되고 있다(임동훈, 2015).

군집분석은 두 개체 사이의 유사도를 측정하여 그것을 바탕으로 비슷한 것들끼리 묶어주는 작업이다. 개념적으로 문서의 유사도 측정은 벡터 유사도 측정방법에 기초하는데, 유사도 측정방법에는 여러 가지가 있지만 두 가지 방법을 많이 쓴다.

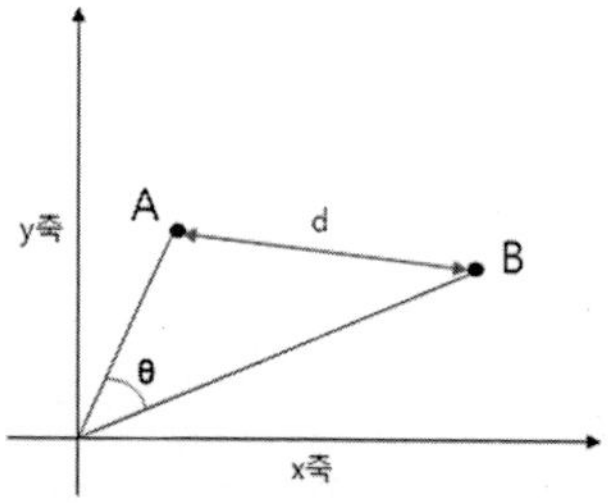

가장 간단한 측정방법은 유클리드 거리를 이용하는 방법으로 그림에서 A B 사이의 거리를 d로 표시된다. 두 점 $A(x_1, y_1)$와 $B(x_2, y_2)$가 각각 두 개의 속성을 가진 경우, 이 두 점은 다음과 같이 2차원 공간에 자리매김하고 그 거리 d는 다음과 같이 구할 수 있다.

$$d(A,B) = \sqrt{(x_1 - y_1)^2 + (x_2 - y_2)^2}$$

이 정의를 확장하면 2차원뿐 아니라 n차원 공간에 놓인 두 점 X Y의 좌표가 각각 $X = (x_1, x_2, x_3 \cdots. x_n)$, $Y = (y_1, y_2, y_3, \cdots y_n)$일 때 이 두 점의 유클리드 거리는 다음과 같이 나타낼 수 있다.

$$d(x,y) = \sqrt{(x_1 - y_1)^2 + (x_2 - y_2)^2 + \cdots + (x_n - y_n)^2}$$
$$x = (x_1, x_2, \cdots, x_n), y = (y_1, y_2, \cdots, y_n)$$

또 하나는 코사인 유사도로 측정하는 방법으로 A B 사이의 코사인 각도 θ로 표시된다. 이는 두 벡터 간의 코사인 각도를 나타내는 내적 공간의 측정치로 두 벡터의 크기가 아닌 방향의 차이만을 판단한다.

$$sim(x,y) = \frac{<x,y>}{\|x\|\,\|y\|}$$

$$x = (x_1, x_2, \cdots, x_n),\ y = (y_1, y_2, \cdots, y_n)$$

$$\|x\| = \sqrt{\sum_{i=1}^{n}(x_i)^2},\ \|y\| = \sqrt{\sum_{i=1}^{n}(y_i)^2},\ <x,y> = \sum_{i=1}^{n} x_i y_i$$

이 원리를 정형 데이터와 비정형의 텍스트 데이터로 알기 쉽게 설명해 보자. 예를 들어 스마트폰 소비자 조사 데이터에서 다음과 같이 응답한 세 사람의 소비자가 있다고 하자.

응답자	나이	성별 (0=여자, 1=남자)	브랜드 만족도	재구매의도
A	30	1	4	5
B	20	1	3	3
C	35	0	5	5

응답자 A와 B 사이, 그리고 A와 C 사이의 유사도를 위의 두 가지 방식 중 알기 쉽게 유클리드 거리로 측정하면 다음과 같다.

A와 B 사이의 유클리드 거리

$$d(A, B) = \sqrt[2]{(30-20)^2 + (1-1)^2 + (4-3)^2 + (5-3)^2} = \sqrt{105}$$

A와 C 사이의 유클리드 거리

$$d(A, C) = \sqrt[2]{(30-35)^2+(1-0)^2+(4-5)^2+(5-5)^2} = \sqrt{27}$$

이 결과로부터 응답자 A는 응답자 B보다는 응답자 C에 더 가까운 것을 알 수 있어서 만약 묶는다면 A와 C를 하나의 군집으로 묶을 것이다.

텍스트에서 문서 사이의 유사도는 문서-단어 행렬인 DTM 혹은 단어-문서 행렬인 TDM으로 표현한 후 계산한다. 예를 들어 스마트폰 사용 후기를 바탕으로 다음과 같이 3개의 문서 X, Y, Z가 있다고 할 때 다음과 같이 DTM을 작성할 수 있다. 여기에서 수치의 정형 데이터에서 변인에 해당하는 것이 단어이고 사례(응답자)에 해당하는 것이 문서이다.

문서 X : 스마트폰 디자인이 세련되었네요. 배터리 성능 정말 좋아요. 카메라도 좋아요.
문서 Y : 세련된 디자인! 하지만 배터리가 아쉽네요. 가격은 착해요.
문서 Z : 세련된 스마트폰 디자인에 배터리 성능, 카메라 가격 다 좋아요

	스마트폰	디자인	세련	배터리	성능	정말	다	좋아요	카메라	아쉽네요	가격	착해요	하지만
문서X	1	1	1	1	1	1	0	2	1	0	0	0	0
문서Y	0	1	1	1	0	0	0	0	0	1	1	1	1
문서Z	1	1	1	1	1	0	1	1	1	0	1	0	0

문서 X와 Y, 그리고 Y와 Z 사이의 거리를 유클리드 거리로 측정하면

다음과 같다. 이 결과로부터 문서Y는 문서X보다 문서Z와 유사도가 더 높아 같은 군집으로 묶일 가능성이 높다는 것을 알 수 있다.

문서 X, Y 사이의 d (X, Y) =

$$\sqrt[2]{(1-0)^2+(1-1)^2+(1-1)^2+(1-1)^2+(1-0)^2+(1-0)^2+(0-0)^2+(2-0)^2+(1-0)^2+(0-1)^2+(0-1)^2+(0-1)^2+(0-1)^2}$$

$= \sqrt{12}$

문서 Y, Z 사이의 d (Y, Z) =

$$\sqrt[2]{(0-1)^2+(1-1)^2+(1-1)^2+(1-1)^2+(0-1)^2+(0-0)^2+(0-1)^2+(0-1)^2+(0-1)^2+(1-0)^2+(1-1)^2+(1-0)^2+(1-0)^2}$$

$= \sqrt{8}$

2. 비계층적 군집분석

군집분석에는 비계층적 군집화와 계층적 군집화의 두 가지 종류가 있다. 비계층적 군집화(non-hierarchical clustering)는 분할 군집화(partitive clustering)로 데이터 객체들을 원소가 겹치지 않는 부분집합으로 나누는 것이다. 계층적 군집화(hierarchical clustering)는 계층적인 트리인 덴드로그램(dendrogram)에 의해 하위군집이 상위군집에 포함되도록 묶는 것이다.

비계층적 군집화는 자료 항목들을 주어진 개수의 군집으로 분할하는 군집화 방법으로 처리 속도가 빨라 많은 분야에서 사용하고 있다. 가장 널리 사용하는 기법은 K평균(K-means)에 의한 군집화로 그 과정은 다음과 같다.

1. n개의 개체로 이루어진 데이터를 미리 정해진 K개의 군집으로 나누고 각 군집의 중심을 설정한다.
2. 각 개체와 군집 중심과의 거리를 계산한다. 여기서 제곱합을 거리로 사용한다.
3. 각 개체를 거리가 가장 짧은 군집에 분류한다.
4. 오류제곱합의 감소가 최소가 될 때까지 위 과정을 반복한다.

다음은 K평균에 의한 비계층적 군집분석의 절차와 그 결과이다.

비계층적 군집화를 위해 먼저 KMeans 라이브러리와 Agglomerative Clustering 라이브러리를 설치한다. 그리고 군집화를 하기 전에 matplotlib를 이용하여 단어를 벡터로 변환하여 시각화한다.

```
[in]
# 문서별로 명사 추출하기
galexy_post_nouns=[]
for post in galexy_posts:
    if type(post)==str:
        post_nouns=tagger.nouns(post)
        for i in range(len(post_nouns)-1, 0, -1):
            if post_nouns[i] in galexy_stop_words:
                del post_nouns[i]
        galexy_post_nouns.append(post_nouns)
```

```
galexy_post_nouns[0:10]

[out]
[['본격',
  '더블',
  '스마트폰',
  '경쟁',
  '시작',
  '화웨이',
  '메이트',
  '출시',
  '본격',
  '더블',
  '스마트폰',
  '경쟁',
  …….
```

문서별로 추출한 명사들을 띄어쓰기를 붙여서 목록형(list)으로 만든다.

```
[in]
for i in range(len(galexy_post_nouns)):
    galexy_post_nouns[i]=' '.join(galexy_post_nouns[i])

print(galexy_post_nouns)

[out]
['본격 더블 스마트폰 경쟁 시작 화웨이 메이트 출시 본격 더블 스마트폰 경
```

쟁 시작 화웨이 메이트 출시 스페인 바르셀로나 삼성전자 화웨이 더블 스마트폰 치열 신경전 기억', '갤럭시 성비 스마트폰 제 보급 스마트폰 포스팅 올해 포스팅 화질 스마트 지원 지원 라디오 인피니티 디스플레이', …….

군집분석에 필요한 라이브러리를 설치한 후, 단어빈도 기준으로 문서-단어 메트릭스DTM 생성한다.

```
[in]
from gensim.models import Word2Vec
from sklearn.manifold import TSNE
from sklearn.feature_extraction.text import CountVectorizer
from sklearn.cluster import KMeans
from matplotlib import font_manager as fm
from matplotlib import rc
from sklearn.decomposition import PCA
import matplotlib.pyplot as plt
from matplotlib import pyplot as plt
import numpy as np
from sklearn.cluster import AgglomerativeClustering
import scipy.cluster.hierarchy as shc
```

```
[in]
# 단어빈도 기준으로 문서-단어 메트릭스DTM 생성
vec=CountVectorizer()
X=vec.fit_transform(galexy_post_nouns)
df=pd.DataFrame(X.toarray(), columns=vec.get_feature_names())
df.tail()
```

[out]

	今日	北海	小米	가게	가격	가격대	가능	가드	가락	가량	…
995	0	0	0	0	0	0	0	0	0	0	…
996	0	0	0	0	0	0	0	0	0	0	…
997	0	0	0	0	0	0	0	0	0	0	…
998	0	0	0	0	0	0	0	0	0	0	…

군집의 개수 n_clusters가 3개인 KMeans 모델을 생성하고, 모델을 통해 나온 결과를 저장한다.

[in]

```
kmeans=KMeans(n_clusters=3).fit(df) # 군집수가 3인 비계층적 군집분
석 시행
kmeans.labels_ # 각 문서가 어느 군집에 속하는지 표시
```

[out]

```
array([2, 2, 2, 2, 2, 2, 2, 2, 2, 2, 2, 2, 2, 2, 2, 2, 2, 2, 2, 2, 2, 2,
       2, 2, 2, 2, 2, 2, 2, 2, 2, 2, 2, 2, 2, 2, 2, 2, 2, 2, 2, 2, 2, 2,
       2, 2, 2, 2, 2, 2, 2, 2, 2, 2, 2, 2, 2, 2, 2, 2, 2, 2, 2, 2, 2, 2,
       2, 2, 2, 2, 2, 2, 2, 2, 2, 2, 2, 2, 2, 2, 2, 2, 0, 2, 1, 2, 2, 1,
       1, 2, 0, 0, 2, 2, 2, 1, 2, 2, 2, 2, 2, 2, 2, 2, 2, 2, 2, 0, 2, 2,
       …….
```

주성분분석(PCA)을 통해 데이터 분석결과를 2차원으로 변환하여 보여준다.

[in]

```
pca=PCA(n_components=2)
```

```
principalComponents=pca.fit_transform(df)
principalDf=pd.DataFrame(data=principalComponents,
columns=['principal component 1', 'principal component 2'])

principalDf.index=galexy_posts

kmeans.labels_==0

#x축 : first
#y축 : second 번호로 나타낸 후 plot으로 시각화
plt.scatter(principalDf.iloc[kmeans.labels_==0, 0], principalDf.
iloc[kmeans.labels_==0, 1], s=10, c='red', label='cluster1')
plt.scatter(principalDf.iloc[kmeans.labels_==1, 0], principalDf.
iloc[kmeans.labels_==1, 1], s=10, c='blue', label='cluster2')
plt.scatter(principalDf.iloc[kmeans.labels_==2, 0], principalDf.
iloc[kmeans.labels_==2, 1], s=10, c='green', label='cluster3')
plt.legend( )
```

```
[out]
<matplotlib.legend.Legend at 0x12c1fedc908>
```

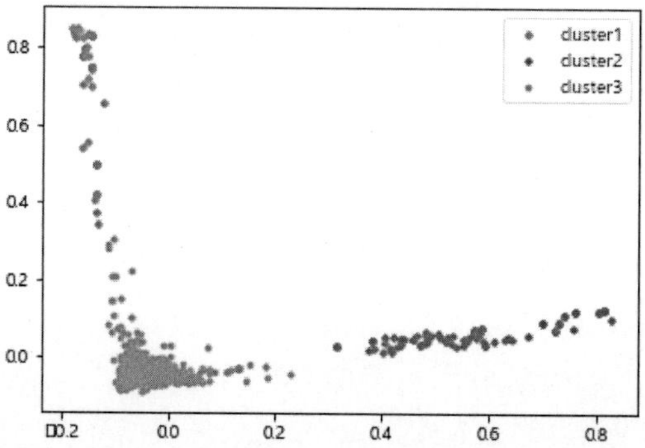

3. 계층적 군집분석

계층적 군집분석은 계층적 트리에 의해 구성되며 하위 군집을 상위 군집이 포함하도록 텍스트 문서들을 묶는 방법이다. 즉 개별 텍스트 하나하나를 군집으로 설정한 다음 군집들의 유사성을 판단하여 비슷한 군집들끼리 묶어가면서, 궁극적으로는 모든 군집들이 하나의 군집으로 합쳐질 때까지 반복적으로 수행하는 상향식 군집방식이다. 계층적 군집화 방법에도 여러 가지가 있는데 다음의 4가지 방법이 (가장) 많이 사용된다.

- 최단거리 혹은 단일 연결법(minimum or single link clustering): 두 군집 사이에서 가장 가깝게 연결된 거리를 유사도로 여기는 군집 방법
- 최대거리 혹은 완전 연결법(maximum or complete link clustering) 두 군집 사이에서 가장 멀게 연결된 거리를 유사도로 여기는 군집 방법
- 집단평균 연결법 (group average link clustering) 두 군집에 있는 모든 개체들 사이의 평균 거리를 유사도로 여기는 군집 방법
- 와드 연결법(ward link clustering) 두 군집에 속한 각 개체들의 값이 평균으로부터 떨어진 정도인 오차 제곱 합(sum of square error: SSE)의 증가가 최소가 되도록 연결하는 군집법으로, 가장 많이 활용하는 연결법이다.

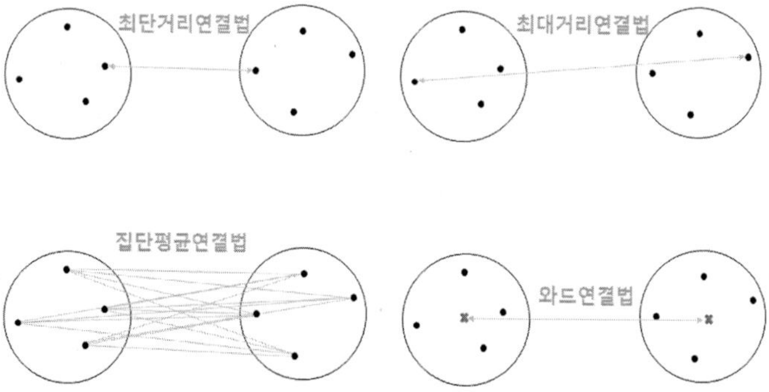

이제 스마트폰에 대한 네이버 블로그 텍스트를 계층적 군집분석해 보자. 먼저 AgglomerativeClustering을 이용하여 군집이 3개가 되도록 만든다. 앞에서 설명한 여러 연결법 중에서 와드연결법으로 군집분석을 하기 위해서 각 문서가 속한 군집을 배열형 데이터로 반환한다.

```
[in]
cluster=AgglomerativeClustering(n_clusters=3, linkage='ward')
cluster.fit_predict(df)

[out]
array([0, 0, 0, 0, 0, 0, 0, 0, 0, 0, 0, 0, 0, 0, 0, 0, 0, 0, 0, 0, 0, 0,
       0, 0, 0, 0, 0, 0, 0, 0, 0, 0, 0, 0, 0, 0, 0, 0, 0, 0, 0, 0, 0, 0,
       0, 0, 0, 0, 0, 0, 0, 0, 0, 0, 0, 0, 0, 0, 0, 0, 0, 0, 0, 0, 0, 0,
       0, 0, 0, 0, 0, 0, 0, 0, 0, 0, 0, 0, 0, 0, 0, 0, 2, 0, 1, 0, 0, 1,
```

계층적 분석 결과를 시각적으로 살펴보기 위해서 트리 모양으로 나타내주는 덴드로그램(dendrogram)을 이용하여 와드연결법의 덴드로그램을 보여준다.

[in]

```
plt.figure(figsize=(10, 7))
plt.title("Customer Dendograms")
dend=shc.dendrogram(shc.linkage(df, method='ward'))
```

[out]

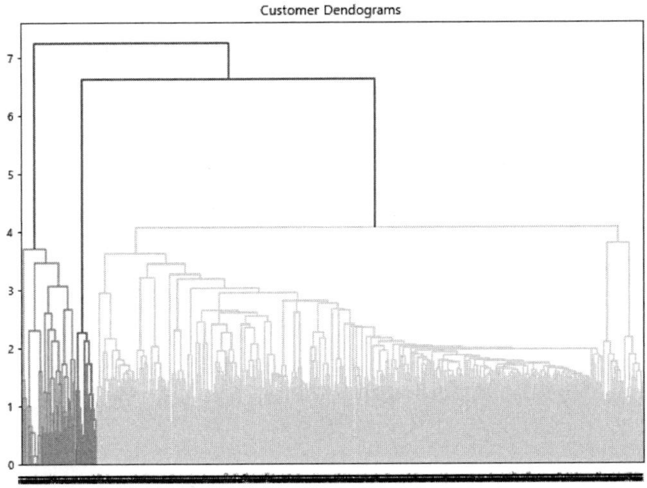

실습용 예제

지속가능성 경영에 관한 텍스트 데이터를 계층적 군집분석 및 비계층적 군집분석을 통해 분류하는 코딩을 해보라.

10.

토픽 모델링과 단어임베딩

1. 토픽 모델링과 LDA의 이해

토픽 모델링은 문서를 이루는 핵심어를 바탕으로 문서에서 토픽, 즉 주제를 추출해 주는 확률모델 알고리즘이다. 문서가 많지 않아 텍스트를 살펴볼 수 있는 정도면 텍스트를 대략 훑어보거나 읽어보아 텍스트에 담긴 토픽이 무엇인지 어느 정도 파악할 수 있다. 하지만 SNS처럼 수백 개 혹은 수만 개의 문서들로 이루어진 문서묶음인 말뭉치(corpus)가 존재할 때, 그 텍스트를 일일이 읽고 그것이 어떤 토픽을 다루고 있는지 파악하기는 어렵다. 토픽 모델링은 여러 문서로 이루어진 말뭉치가 있을 때 각 문서들의 핵심어 분석을 통해서 토픽을 추출한다.

따라서 군집분석과 비슷하지만 더 세밀하게 분석한다고 볼 수 있다. 군집분석은 각 문서가 하나의 토픽을 담고 있다고 가정하여 문서를 완전히 분리된 집단으로 묶는 것이다. 그에 비해서 토픽 모델링은 각 문서에 여러 토픽이 담겨 있을 수 있다고 가정하기 때문에, 문서를 몇 개의 군집으로 묶지 않는다. 대신에 문서와 토픽을 연계하여, 각 문서별로 어떤 토픽들이 분포되어 있는가를 살펴보거나, 토픽이 어떤 문서들에 어떻게 분포되어 있고 단어들이 토픽을 얼마나 드러내는가를 살펴본다. 또는 역동적 토픽 모델링(Dynamic Topic Modeling)을 통해 시간에 따라 토픽이 어떻게 변화했는가를 살펴볼 수도 있다.

토픽 모델링에서 많이 사용하는 방법이 잠재 디리클레 할당(LDA: Latent Dirichlet Allocation) 모형이다. LDA에 따르면 말뭉치는 문서 – 토픽 – 단어의 3가지 수준으로 구성된 위계적 층위를 갖는다. 즉, 말뭉치는 여러 문서들로 구성되어 있고, 문서는 여러 토픽을 담고 있으며, 그러한 토픽은 여러 단어들을 통해 드러난다. LDA는 말뭉치에서 문서를 통해 겉으로 드러난 단어들을 관찰하여 문서에 잠재된 토픽을 추론한다. 즉, 텍스트로부터 단어들이 배치된 형태를 파악한다면 잠재된 토픽을 추출할 수 있다는 논리인데, 이는 글쓰기 과정을 거꾸로 되밟아 가는 방법이다. 우리가 어떤 텍스트를 작성할 때 텍스트를 구성하는 몇 가지 토픽을 먼저 상정한다. 그리고 각각의 토픽을 드러내는 몇 가지 핵심 단어들을 추린 다음, 그 단어들을 적절하게 연결하여 논지를 전개한다면 처음에 상정한 몇 가지 토픽들이 담긴 텍스트를 완성할 수 있다.

토픽 모델링은 이와 반대의 과정으로 토픽을 추론한다. 즉, 문서들에서 드러나는 핵심어들을 추려보면 의미가 연결되는 것들끼리 묶어서 몇 가지로 묶을 수 있다. 핵심어들의 집합을 통해 잠재되어 있는 토픽들을 추론할 수 있다. 예를 들어 SNS의 트위터에 어떤 브랜드에 대한 소비자 상품평으로 다음과 같이 3가지의 문서가 있다고 하자.

문서 X: 색상이 화려하고 외양도 세련되었네요.
문서 Y: 출고가격은 비싸지만 가격할인으로 저렴해요.
문서 Z: 세련되고 화려한 색상에 출고가격도 저렴합니다.

이 문서들에서 조사나 부사 대명사 등의 불용어를 제외한 핵심어를 추리면 다음과 같다.

색상, 화려, 외양, 세련, 출고가격, 비싸다, 가격할인, 저렴, 세련, 화려, 색상, 출고가격, 저렴

이들을 세로의 열(column)은 문서로, 가로의 행(row)은 핵심 단어로 구성된 문서- 단어 행렬(DTM)을 만들 수 있다. 이 핵심 단어들을 주제별로 분류하면 다음과 같이 2개의 토픽으로 묶을 수 있다. 괄호 안의 숫자는 해당 단어가 말뭉치 안에서 몇 번 등장했는지 출현빈도를 나타낸다. 예를 들어 색상은 문서 X와 Z에 각각 한 번 씩 총 2회 출현했다는 뜻이다. 토픽 A, B에 부여한 디자인이나 가격과 같은 명칭은 분석하는 사람이 임의로 적당한 명칭을 부여한 것이다. LDA는 사전에 지정된 개수만큼 자동으로 단어를 집단으로 분류하지만 그 명칭은 연구자가 부여한다.

토픽 A(디자인): 색상(2), 화려(2), 세련(2), 외관(1)
토픽 B(가격): 출고가격(2), 비싸다(1), 가격할인(1), 저렴(2)

각각의 문서들은 이러한 핵심어들을 적절하게 섞어서 글을 전개해 나간 것이다. 문서 X는 전적으로 디자인 토픽만을 다룬 글이고, 문서 Y는 가격 토픽에 대해서만 언급했고, 문서 Z는 디자인과 가격 토픽을 모두 조금씩은 언급했다. 토픽 모델링은 문서에 드러난 단어들을 통해서 각 문서에 어떤 토픽들이 잠재되어 있고 각각의 단어가 그러한 토픽을 얼마나 드러내는가를 계량적으로 추론하는 분석기법으로서, 그림으로 요약하면 다음과 같다.

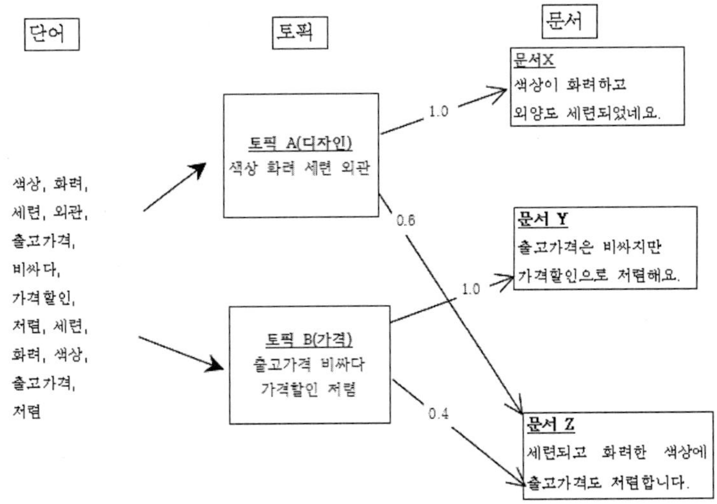

즉 이 말뭉치에서 디자인이란 토픽에서 색상이란 단어가 생성되듯, 색상이란 단어는 디자인이란 토픽을 반영하면서 생성된다. LDA는 3

개의 문서로 이루어진 이 말뭉치에서 관찰되는 색상이라는 단어가 디자인이라는 잠재된 토픽을 생성하는 과정에서 확률적으로 관측된다고 가정하는 통계적 모형이다. 그것의 핵심은 특정 문서 X에서 특정 단어 w가 잠재된 토픽 A를 드러낼 확률을 계량적으로 보여준다는 점이다. 즉 문서 X에서 색상이란 단어가 디자인이라는 잠재된 토픽을 나타낼 확률을 계산할 수 있다. 이것은 두 가지 항목을 통해 측정한다.

첫 번째는 특정 문서에서 발견된 특정 용어가 특정한 토픽을 반영할 확률이다. 특정 용어가 특정 토픽에서 차지하는 비율, 즉 특정 단어가 특정 토픽에서 얼마나 자주 등장하는가를 따져보아야 한다. 이는 토픽 z를 반영하는 단어 w의 수를 토픽 z를 반영하는 모든 단어의 수로 나눈 값으로 계산하며, 수식으로 표현하면 P(w/z)이다. 두 번째는 단어 w가 속한 문서 d에서 토픽 z가 등장할 확률로, 토픽 z가 문서 d에서 얼마나 등장하는가를 따져보아야 한다. 이는 특정 토픽이 나타나는 문서에서 특정 토픽에 속한 단어의 수를 전체 단어의 수로 나눈 값으로, P(z/d)로 표시한다. 이 두 항목을 곱한 값 P(z/w, d) = P(w/z) x P(z/d)은 문서 d에서 단어 w가 토픽 z를 반영할 확률이다.

$$P(z|w,d)=\frac{\text{토픽}z\text{에 속한 }w\text{단어 수}+\beta_W}{\text{토픽}z\text{내 총 토큰수}+\beta}\times(\text{문서}d\text{에서 토픽}z\text{내 속한 단어수}+\alpha)$$

예를 들어 문서 X에서 색상(w)이라는 단어가 디자인(z)이라는 토픽을 반영할 확률 P(디자인 / 색상, 문서 X)를 계산해 보자. 색상 단어가 디자인 토픽에서 차지하는 비율, 이는 디자인 토픽에 속하는 색상이란 단어의 수를 디자인 토픽을 반영하는 전체 단어 수로 나눈 값으로 계산한다. 디자인 토픽을 드러낸 전체 단어 수는 7개이고 그중에서 색상이란 단어는 2회 출현했기 때문에 디자인 토픽에서 색상 단어가 차지하는 비중은 2/7=0.285이다. 다음으로 문서 X에서 디자인 토픽이 차지하는 비중을 계산하면 4/4=1.0이다. 문서 X를 구성하는 단어는 모두 4개이고 이 단어들은 모두 디자인 토픽에 해당하는 단어이기 때문이다. 따라서 문서 X에서 색상 단어가 디자인 토픽을 반영한 확률은 0.285×1.0=0.285이다.

마찬가지로 문서 Z에서 저렴이란 단어가 가격 토픽을 반영한 확률을 계산해 보면, 저렴 단어가 가격 토픽에서 차지하는 비중은 2/6=0.333이다. 가격토픽에 속하는 전체 단어는 모두 6회 등장했고 그중에서 저렴이란 단어는 2회 등장했기 때문이다. 가격 토픽이 문서 Z에서 차지하는 비중은 2/5=0.4이다. 문서 Z의 전체단어수는 5이고 그중에서 가격관련 단어수는 2이기 때문이다. 따라서 저렴이란 단어가 문서 Z에서 가격 토픽을 반영하는 확률은 0.333×0.4=0.133이다. 나머지 문서의 토픽반영 비율 및 각 단어가 해당 토픽을 반영할 비율을 계산하면 다음과 같다.

문서 X : 디자인 토픽 A(디자인) 100%
문서 Y: 토픽 B(가격) 100%
문서 Z : 토픽 A(디자인) 60%, 토픽 B(가격) 40%

디자인 토픽에서 색상 2/7, 화려 2/7, 세련 2/7, 외관 1/7
가격 토픽에서 출고가격 2/6, 비싸다 1/6, 가격할인 1/6, 저렴 2/6

이상은 개념적 이해를 위해 기본 원리를 수식으로 설명한 것이고,

LDA의 정확한 식은 표준화하고 가중치를 부여해서 더 복잡하다. 이를 시각적으로 표현하면 다음과 같다. 여기서 M은 말뭉치 공간, N는 특정 문서공간, w는 단어, z는 토픽, θ는 토픽별 단어분포 비율을 의미한다. 관측되는 단어 w는 z값과 θ에 의해 결정되고, z는 토픽의 비율을 나타내는 θ에 의해 결정된다. 이는 주어진 문서에 대해서 각 문서에 어떤 토픽들이 담겨 있는가를 확률적으로 보여주는 모델이다. 이러한 확률 모델을 통해서 각 단어들이 각 토픽별로 어떻게 분포되어 있고 토픽들은 문서별로 어떻게 분포되어 있는가를 추정할 수 있다. 문서를 구성하는 각 단어들은 토픽 집합에 대한 확률분포를 가지며 이 분포에 따라 각 문서는 특정 주제들로 구성된다고 볼 수 있다.

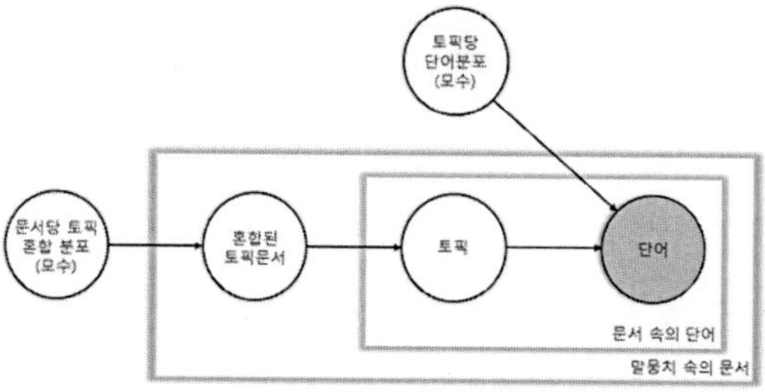

출처: Burton, M. (2013) http://mcburton.net/blog/joy-of-tm

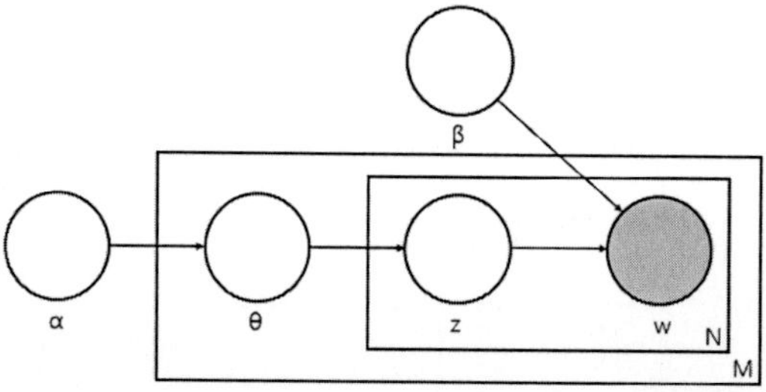

• α, β는 Dirichlet parameter
• θ_d는 문서 내 토픽의 비율
• $Z_{d,i}$는 단어별 토픽 할당
• φ_k 토픽별 단어 분포를 의미

출처: Blei, Ng & Jordan (2003), p.997

이렇게 LDA로 추출한 여러 토픽들이 시기에 따라 어떻게 등장하는가를 분석하는 역동적 토픽 모델(DTM: Dynamic Topic Model)도 가능하다. 이는 토픽 모델링을 통해 분석한 토픽들이 시계열(time series)에 따라 각 토픽의 출현 빈도가 어떤 추이를 나타내는가를 분석한다. 시계열로 분석된 각 토픽의 확률분포에 따라 토픽의 변화추이는 크게 상승 유형(rising pattern) 혹은 하강 유형(falling pattern)으로 분류할 수 있다. 앞의 예에서 만약 스마트폰에 관한 1년간의 블로그 텍스트를 수집하여 토픽 모델링으로 분석한 결과 토픽A(디자인)가 토픽B(가격)보다 전체 토픽의 분포비율에서 점차 높아진다면 스마트폰 블로그에서 디자인 관련 토픽은 상승유형이고 가격 토픽은 하강유형이다(송민, 2017).

토픽 모델링을 수행할 때 토픽의 수 K는 분석하는 사람이 미리 설정한다. 이때 최적의 토픽 수를 설정하는 방법으로 혼란도(perplexity)와 정합점수(coherence scores)를 이용한다. 혼란도는 확률모델이 결과를 얼마나 정확하게 예측하는가를 나타내는데, 토픽수 K를 여러 가지로 투입하여 혼란도를 구하여 그 값이 가장 작게 나타나는 K값을 토픽 수로 설정한다. 하지만 혼란도가 낮다고 해서 사람이 반드시 해석하기 좋은 결과는 아니라는 비판이 제기되었다(Chang, Gerrish, Wang, Boyd-Graber, & Blei, 2009). 그래서 토픽이 얼마나 의미론적으로 일관되어 정합성이 있는가를 나타내는 정합점수를 많이 사용한다. 이 방법은 토픽수 K를 계속 숫자를 늘려가며 투입하여 정합점수를 구해서 그 값이 가장 높게 나오다가 급격히 낮아지는 K값을 토픽 수로 설정한다.

LDA 분석 결과를 시각화하는 방법에는 여러 가지가 있다. 가장 많은 것은 pyLDAvis 라이브러리 방법이다. 이는 말뭉치에 나타난 여러 토픽들을 유사성에 따라서 배치하고 각 토픽을 반영하는 용어들이 각각의 토픽을 얼마나 반영하는가를 보여주는 것이다. 왼쪽은 다차원 척도법(multidimensional scaling)을 이용한 토픽간 거리 지도(intertopic distance map)를 보여주고 오른쪽은 특정 토픽 각각에 대해서 가장 관련성이 높은 30개 용어(top-30 most relevant terms fo topic X)로 각각의 용어들이 해당 토픽을 얼마나 반영하는가를 보여준다.

예를 들어 유예림(2017)의 〈빅데이터 분석 기법을 활용한 2015 개정 교육과정 정책에 대한 언론보도 분석〉은 토픽 모델링의 실제와 분석결과가 어떻게 시각적으로 제시되는가를 잘 보여준다. 이 연구는 네이버 뉴스에서 '2015 개정 교육과정'을 검색하여 파이썬의 beautifulsoup4 라이브러리를 기반으로 언론보도 자료를 스크랩하였고, 그 결과 1,512건의 데이터를 수집했다. 자연어 처리를 통해 불필요한 단어나 어구를 제거하고 동의어나 유사어를 검토하였고, 형태소 분석을 위해 코모란(Komoran)을 사용하여 데이터 전처리를 하였다. 교육과정 정책 중 주요 쟁점에 대한 분석을 위해 파이썬의 gensim 라이브러리를 사용하여 LDA 기법을 수행하였고, 이에 대한 시각화를 위해 pyLDAvis 라이브러리를 사용하였다. 분석 결과 16개의 토픽이 도출되었고 이에 대한 시각화 결과는 다음과 같다. 여기서 그림의 왼쪽에 있는 '토픽간 거리지도'는 16개 토픽이 의미적으로 서로 얼마나 가까운가를 보여주고, 오른쪽은 토픽9와 관련성이 높은 10개 단어가 토픽9를 반영하는 비율을 나타낸다.

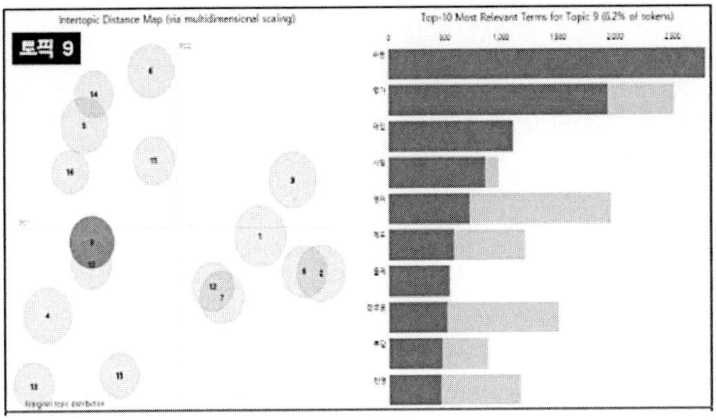

다음 코드는 LDA모델에 의한 토픽 모델링 절차이다. 먼저 스마트폰에 관한 블로그를 정리한 텍스트 데이터 파일을 불러오고 자연어 처리를 통해 데이터를 정제하는 과정은 동일하다. 토픽 모델링을 사용하기 위해서는 gensim 라이브러리를 사용해야 한다. gensim을 사용하기 위해서 pip install gensim 명령어를 통해 라이브러리를 설치한다. 그리고 명사에 대해서 bigram 형태로 만들어 사용하고, bigram으로 묶인 명사에 대해서 trigram을 만들어 사용한다.

```
[in]
!pip install gensim
```

```
[in]
import gensim
galexy_bigram=gensim.models.Phrases(galexy_nouns)
galexy_trigram=gensim.models.Phrases(galexy_bigram[galexy_
nouns])
```

```
galexy_bigram_model=gensim.models.phrases.Phraser(galexy_
bigram)
galexy_trigram_model=gensim.models.phrases.Phraser(galexy_
trigram)
```

```
[in]
from gensim import corpora
galexy_bigram_document=[galexy_bigram_model[nouns] for nouns
in galexy_nouns]
galexy_bigram_document[1]
```

```
[out]
['최고',
 '가성',
 '삼성',
 '갤럭시',
 '요녀석',
 '스펙',
 '코어',
 … ]
```

bigram 문서에 대해서 id와 word로 매핑된 딕셔너리를 생성한다. 그리고 doc2bow 함수를 통해서 (단어, 빈도수) 형태로 변환한다.

```
[in]
galexy_id2word=corpora.Dictionary(galexy_bigram_document)
galexy_corpus=[galexy_id2word.doc2bow(doc) for doc in galexy_
bigram_document]
galexy_corpus[0]
```

```
[out]
[(0, 3),
 (1, 1),
 (2, 13),
 (3, 1),
 (4, 4),
  .. (후략). ]
```

토픽 모델링에서 적절한 토픽의 개수를 찾기 위해서 2부터 9까지 값을 늘려가면서 LDA 모델을 생성하여 각 모델의 정합도(coherence)를 계산한다. 그리고 적절한 토픽의 수는 토픽 개수를 늘려갈수록 정합 점수(coherence score)가 증가하다가 갑자기 감소하는 지점의 값으로 결정한다.

```
[in]
from gensim.models import CoherenceModel

galexy_coherence_score=[]
for i in range(2,10):
          model=gensim.models.ldamodel.LdaModel(corpus=galexy_
corpus,
                              id2word=galexy_id2word, num_topics=i)
   coherence_model=CoherenceModel(model, texts=galexy_bigram_
document,
                                          dictionary=galexy_id2word,
coherence='c_v')
    coherence_lda=coherence_model.get_coherence()
```

```
    print('n=',i,'Score: ', coherence_lda)
    galexy_coherence_score.append(coherence_lda)
```

```
[out]
n=2
Coherence Score:  0.2573034836173669
n=3
Coherence Score:  0.2753702267140606
n=4
Coherence Score:  0.26895970306624084
n=5
Coherence Score:  0.25226614419218996
n=6
Coherence Score:  0.26631063995745785
n=7
Coherence Score:  0.2663940865704069
n=8
Coherence Score:  0.2600627017655112
n=9
Coherence Score:  0.26384492087846856
```

토픽의 적절한 개수를 찾기 위해서 계산한 정합 점수를 차트로 나타내서 살펴본다.

```
[in]
import matplotlib.pyplot as plt
import numpy

k=[]
```

```
for i in range(2,10):
    k.append(i)

x=numpy.array(k)
y=numpy.array(galexy_coherence_score)
plt.title('Galexy Topic Coherence')
plt.plot(x,y)
plt.xlim(2,10)
plt.xlabel('Number Of Topic (2-10)')
plt.ylabel('Cohrence Score')
plt.show()
```

[out]

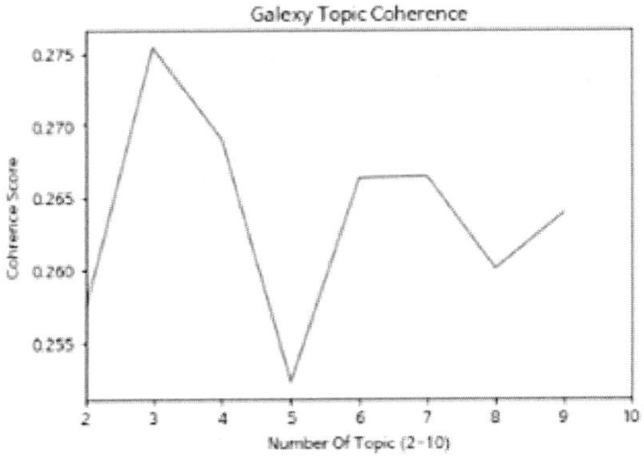

위의 그래프를 보면 토픽의 개수가 늘어날수록 정합점수가 증가하여 토픽 수 3에서 가장 높은 정합점수를 보이다가 그 뒤부터 급격히 감소한다. 따라서 정합 점수가 처음에 가장 높았다가 그 뒤 감소하는 3을 적절한 토픽의 개수로 판단하고, 토픽의 수가 3개인 LDA 모델을 생성한다.

```
[in]
galexy_model=gensim.models.ldamodel.LdaModel(corpus=galexy_
corpus,
                                            id2word=galexy_
id2word, num_topics=3)
galexy_model.print_topics()

[out]
[(0,
      '0.126*"삼성"+0.116*"갤럭시"+0.016*"스마트폰"+0.013*"삼성전
자"+0.012*"노트"+0.011*"출시"+0.010*"워치"+0.009*"폴드"+0.009*"카
메라"+0.008*"플러스"'),
 (1,
  '0.115*"갤럭시"+0.093*"삼성"+0.020*"스마트폰"+0.013*"출시"+0.012*"
삼성전자"+0.012*"사용"+0.012*"노트"+0.011*"모델"+0.010*"워
치"+0.010*"카메라"'),
 (2,
      '0.159*"갤럭시"+0.093*"삼성"+0.015*"삼성전자"+0.014*"스마트
폰"+0.011*"출시"+0.009*"폴드"+0.009*"공개"+0.008*"사용"+0.008*"
워치"+0.008*"플러스"')]
```

LDA 분석결과를 시각화하기 위해 pyLDAvis 라이브러리를 설치한다. pyLDAvis 라이브러리는 명령어 pip install pyLDAvis를 이용하여 설치하고, 설치가 완료되면 실제 생성한 모델을 가지고 시각화 결과를 나타낸다.

```
[in]
!pip install pyLDAvis
```

```
[in]
import pyLDAvis
import pyLDAvis.gensim as gensimvis
prepared_data = gensimvis.prepare(galexy_model, galexy_corpus,
galexy_id2word)
pyLDAvis.display(prepared_data)
```

[out]

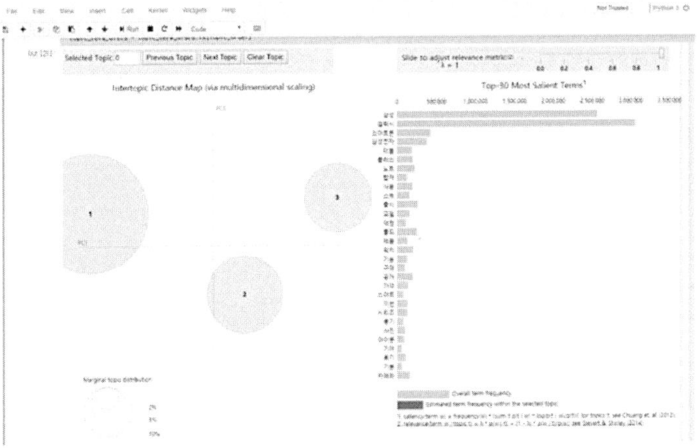

역동적 토픽 모델링(Dynamic Topic Modeling)은 시간에 따라 변하는 토픽들을 살펴보기 위해서 사용하는 기법이다. 역동적 토픽 모델링을 적용하기 위해서 스마트폰 관련 블로그 글에 대해서 시간에 따른 분류로 데이터를 전처리한다. 각 데이터는 특정 시간에 포함된 문서들의 단어들로 분류가 된다.

[in]

```
galexy_nouns_date=
for i in range(len(galexy_posts)):
    if galexy_post_date[i] in galexy_nouns_date:
            galexy_nouns_date[galexy_post_date[i]].append(galexy_
nouns[i])
    else:
        galexy_nouns_date[galexy_post_date[i]]=[]
            galexy_nouns_date[galexy_post_date[i]].append(galexy_
nouns[i])

galexy_nouns_date=sorted(galexy_nouns_date.items())
galexy_nouns_date[0]

[out]
(20150919,
 [['최고',
  '가성',
  '삼성',
  '갤럭시',
    … ]
```

시간에 따라 분류된 명사들이 있는 데이터에서 시간별로 명사들이 있는 문서의 개수를 계산한다.

```
[in]
galexy_nouns_dates=[]
galexy_date_length=[]
for i in range(len(galexy_nouns_date)):
    galexy_nouns_dates.append(galexy_nouns_date[i][1])
```

```
    galexy_date_length.append(len(galexy_nouns_date[i][1]))

galexy_date_length[0:20]

[out]
[1, 1, 1, 1, 2, 1, 1, 1, 1, 1, 1, 1, 1, 1, 1, 1, 1, 1, 1, 1]
```

시간별로 명사들이 있는 데이터를 하나로 통합한다.

```
[in]
galexy_merged_dates=[]
for posts in galexy_nouns_dates:
    for post in posts:
        galexy_merged_dates=galexy_merged_dates+[post]

galexy_merged_dates[0]

[out]
['최고',
 '가성',
 '삼성',
 '갤럭시',
 ... (후략)]
```

이전에 따로 수행하던 토픽 모델링에 필요한 과정을 docLDA 함수를 정의하여 사용한다. docLDA는 명사들을 bigram, trigram으로 만들고 LDA model, corpus, id2word를 생성한다. docLDA 함수를 사용하여 한번에 토픽 모델링에 필요한 요소들을 생성하고, 각 토픽들에 대해서 출력하여 살펴본다.

```
[in]
import gensim
from gensim import corpora

def docLDA(nouns):
    bigram=gensim.models.Phrases(nouns)
    trigram=gensim.models.Phrases(bigram[nouns])
    bigram_mod=gensim.models.phrases.Phraser(bigram)
    trigram_mod=gensim.models.phrases.Phraser(trigram)

    bigram_document=[bigram_mod[doc] for doc in nouns]
    id2word=corpora.Dictionary(bigram_document)

    corpus=[id2word.doc2bow(doc) for doc in bigram_document]
    model=gensim.models.ldamodel.LdaModel(corpus=corpus,
                                                                    id2word=id2word,
num_topics=6)

    return model, corpus, id2word

[in]
galexy_model, galexy_corpus, galexy_id2word = docLDA(galexy_
nouns)
galexy_model.print_topics()

[out]
[(0,
```

```
 '0.115*"갤럭시"+0.099*"삼성"+0.016*"출시"+0.014*"스마트폰"+0.013*"
삼성전자"+0.012*"노트"+0.009*"폴드"+0.008*"카메라"+0.008*"워
치"+0.008*"공개"'),
 (1,
          '0.122*"삼성"+0.102*"갤럭시"+0.017*"삼성전자"+0.015*"스마트
폰"+0.013*"출시"+0.010*"워치"+0.010*"노트"+0.009*"플러스"+0.008*"
스펙"+0.008*"카메라"'),
 (2,
          '0.122*"갤럭시"+0.096*"삼성"+0.016*"스마트폰"+0.016*"삼성전
자"+0.014*"출시"+0.011*"노트"+0.010*"사용"+0.010*"워치"+0.008*"폴
드"+0.008*"플러스"'),
 (3,
 '0.148*"갤럭시"+0.093*"삼성"+0.015*"삼성전자"+0.011*"출시"+0.010*"
스마트폰"+0.009*"사용"+0.009*"폴드"+0.009*"노트"+0.008*"플러
스"+0.008*"카메라"'),
 (4,
          '0.147*"갤럭시"+0.106*"삼성"+0.017*"스마트폰"+0.013*"삼성전
자"+0.010*"폴드"+0.010*"출시"+0.010*"워치"+0.010*"노트"+0.009*"사
용"+0.008*"모델"'),
 (5,
          '0.110*"갤럭시"+0.084*"삼성"+0.020*"삼성전자"+0.014*"스마트
폰"+0.013*"출시"+0.010*"폴드"+0.009*"워치"+0.008*"노트"+0.008*"
사용"+0.008*"플러스"')]
```

getTopics 함수는 LDA에 포함된 각 토픽들에 대해서 반환한다. 스마트폰 블로그 내용에 대해서 getTopics 함수를 통해 토픽들을 살펴본다.

```
[in]
def getTopics(model):
    topics=[]
    for topic in model.print_topics():
        i=1
        model_words=[]
        topic_words=str(topic).split('"')
        for words in topic_words:
            if i%2==0:
                model_words.append(words)
            i+=1
        topics.append(model_words)
    return topics
```

```
[in]
galexy_topics=getTopics(galexy_model)
galexy_topics
```

```
[out]
[['갤럭시', '삼성', '출시', '스마트폰', '삼성전자', '노트', '폴드', '카메라', '워치', '공개'],
 ['삼성', '갤럭시', '삼성전자', '스마트폰', '출시', '워치', '노트', '플러스', '스펙', '카메라'],
 ['갤럭시', '삼성', '스마트폰', '삼성전자', '출시', '노트', '사용', '워치', '폴드', '플러스'],
 ['갤럭시', '삼성', '삼성전자', '출시', '스마트폰', '사용', '폴드', '노트', '플러스', '카메라'],
 ['갤럭시', '삼성', '스마트폰', '삼성전자', '폴드', '출시', '워치', '노트', '사용', '모델'],
```

['갤럭시', '삼성', '삼성전자', '스마트폰', '출시', '폴드', '워치', '노트', '사용', '플러스']]

역동적 토픽 모델로 살펴보기 위해서는 문서마다 가지고 있는 토픽들의 크기를 알아야 한다. 여기서는 날짜별로 합쳐진 문서마다 토픽들의 크기를 계산한다.

```
[in]
galexy_topic_size=[]
index=0
for post_len in galexy_date_length:
    topic_size=[]
    doc=[]
    for i in range(post_len):
        doc+=galexy_merged_dates[index]
        index+=1
    for model in galexy_topics:
        count=0
        for noun in doc:
            if noun in model:
                count+=1
        topic_size.append(count)
    galexy_topic_size.append(topic_size)

galexy_topic_size[0:10]

[out]
[[7919, 7848, 7959, 7917, 7946, 7959],
```

```
[7919, 7848, 7959, 7917, 7946, 7959],
[7919, 7848, 7959, 7917, 7946, 7959],
[7919, 7848, 7959, 7917, 7946, 7959],
[15838, 15696, 15918, 15834, 15892, 15918],
[7919, 7848, 7959, 7917, 7946, 7959],
[7919, 7848, 7959, 7917, 7946, 7959],
[7919, 7848, 7959, 7917, 7946, 7959],
[7919, 7848, 7959, 7917, 7946, 7959],
[7919, 7848, 7959, 7917, 7946, 7959]]
```

Numpy의 배열 형태로 저장하기 위해 변환한다.

```
[in]
import numpy as np
galexy_topic_array=np.array(galexy_topic_size)
galexy_topic_array

[out]
array([[ 7919,  7848,  7959,  7917,  7946,  7959],
       [ 7919,  7848,  7959,  7917,  7946,  7959],
       [ 7919,  7848,  7959,  7917,  7946,  7959],
       ⋯,(중략)
       [102947, 102024, 103467, 102921, 103298, 103467],
       [ 63352,  62784,  63672,  63336,  63568,  63672],
       [118785, 117720, 119385, 118755, 119190, 119385]])
```

시간에 따라 갤럭시와 아이폰 토픽에 대해서 matplotlib를 이용하여 차트로 시각화하여 토픽들의 변화를 살펴본다. 차트에서 x축은 시간이 나타내고, y축은 토픽의 크기가 된다.

```
[in]
import matplotlib.pyplot as plt
import datetime as dt

galexy_x=[]
galexy_y=[]

galexy_topic_1=galexy_topic_array[:,0]
galexy_topic_2=galexy_topic_array[:,1]
galexy_topic_3=galexy_topic_array[:,2]
galexy_topic_4=galexy_topic_array[:,3]
galexy_topic_5=galexy_topic_array[:,4]
galexy_topic_6=galexy_topic_array[:,5]

galexy_unique_date=sorted(list(set(galexy_post_date)))
galexy_plt_data=[]
for date in galexy_unique_date:
    times= dt.datetime.strptime(str(date),'%Y%m%d')
    galexy_x.append(times)

plt.rcParams["figure.figsize"]=(15,10)
plt.title("Galexy DTM")
plt.plot(galexy_x, galexy_topic_1,'o-', label="Topic 1")
plt.plot(galexy_x, galexy_topic_2,'o-', label="Topic 2")
plt.plot(galexy_x, galexy_topic_3,'o-', label="Topic 3")
plt.plot(galexy_x, galexy_topic_4,'o-', label="Topic 4")
plt.plot(galexy_x, galexy_topic_5,'o-', label="Topic 5")
```

```
plt.plot(galexy_x, galexy_topic_6,'o-', label="Topic 6")
plt.legend()
plt.show()
```

[out]

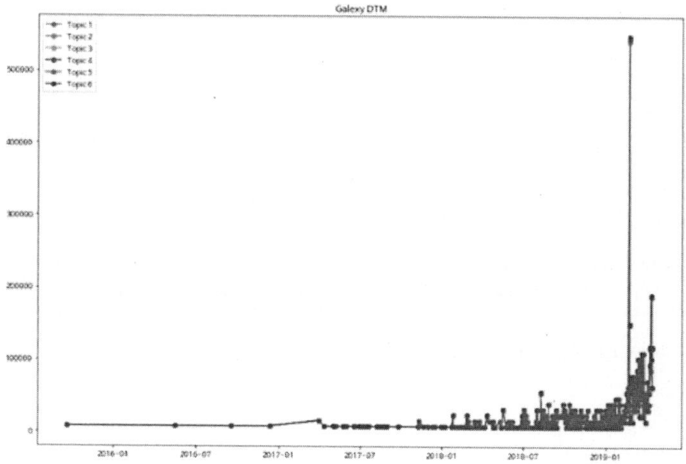

2. 단어임베딩과 Word2Vec의 이해

텍스트에 잠재된 토픽을 드러낼 때 단어들의 의미는 함께 어울려다니는 그 주변 단어들에 의해 생성되며, 유사한 분포를 가진 단어는 유사한 의미를 가진다. 따라서 텍스트에 내재한 주제 및 그 의미는 토픽 모델링을 통해서 뿐 아니라 단어임베딩(word embedding)의 접근방식을 통해서도 파악할 수 있다. 그런 점에서 토픽 모델링도 넓은 의미에서는 단어임베딩 모델이라고 보기도 하고, 의미 연결망분석과 함께 연관어 분석에 적용되기도 한다(서대호, 2019).

단어임베딩이란 단어가 가진 의미를 그대로 보존하면서 의미와 맥락을 고려하여 단어를 벡터로 표현하는 것을 말한다. 본래 수학적 의미에서 임베딩이란 어떤 수학적 구조 혹은 대상을 본래 객체가 가진 연결성이나 대수적 성질을 그대로 유지하면서 특정 공간에 사상(mapping)하는 것을 말한다. 단어임베딩은 개별 단어가 가진 속성, 즉 단어의 의미를 그대로 보존하면서 실수값으로 채워진 벡터로 표현하는 것이다. 단어임베딩은 앞에서 살펴본 단어 동시출현의 단어-문서 행렬(TDM)이나 문서-단어 행렬(DTM)을 통해서도 표현하지만 최근에는 워드투백(Word2Vec)의 방법을 많이 사용한다. 워드투백은 단어와 단어 사이의 관계를 벡터 사이의 연산관계로 환원하여 측정할 수 있도록 하며, 단어 사이의 의미 관계에 대해서 쉽게 일반화할 수 있다.

단어임베딩은 다음 두 가지에 의해 일반적으로 평가받는다. 하나는 유사한 벡터를 가진 단어가 과연 유사한 의미를 갖는지 여부이고, 다른 하나는 단어를 재현하는 공간에서 거리가 얼마나 의미가 있는지 여부이다. 그런 점에서 단어임베딩은 토픽 모델링과 다른 관점에서 평가된다. 토픽 모델링에서는 단어가 토픽에 얼마나 잘 할당되었는지, 다시 말하면 토픽에 할당된 단어가 얼마나 일관되고 정합적인지 여부로 모델이 평가되기 때문이다.

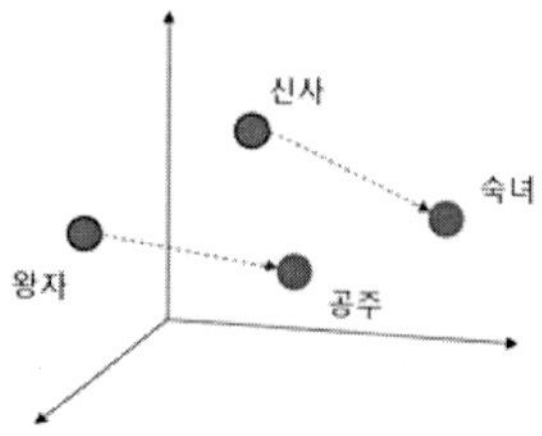

남자 - 여자

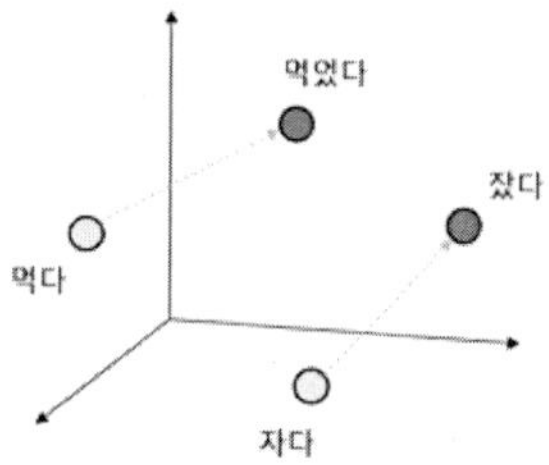

동사 시제

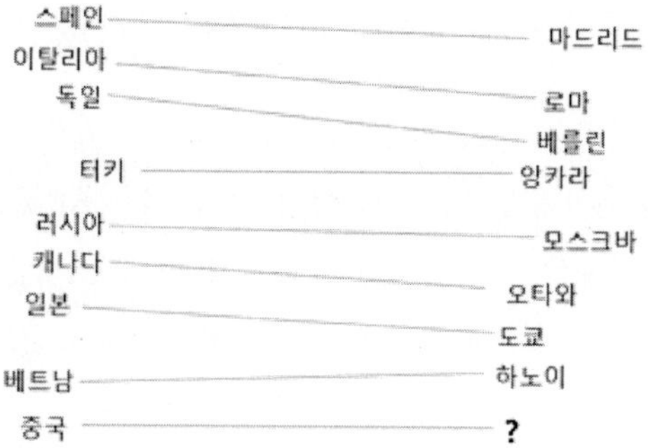

국가 - 수도

앞의 그림은 단어들 사이의 관계를 벡터로 보여준다. 처음 그림에서 신사와 숙녀의 거리는 왕자와 공주의 거리와 비슷함을 보여주며, 이를 통해 신사와 숙녀, 왕자와 공주의 관계 또한 유추할 수 있다. 벡터의 선형적 관계가 단어의 의미관계에 대응함을 알 수 있다. 이와 같은 의미관계의 파악으로부터 신사 - 왕자 + 숙녀 = 공주라는 의미 연산이 가능해진다. 즉 신사, 숙녀, 왕자 사이의 의미관계를 통해서 공주란 단어를 유추해 낼 수 있다. 나머지 그림도 마찬가지다. 먹다와 그 과거형 먹었다와의 관계 혹은 거리는 자다라는 동사와 그 과거형 잤다의 관계와 대응한다. 국가와 수도의 관계도 마찬가지다. 여러 나라의 이름과 그 나라의 수도 이름이 여러 개 제시되면(스페인 - 마드리드, 이탈리아 - 로마…) 그를 통해서 마지막 중국에 대응하는 도시 이름 베이징을 유추할 수 있다.

워드투벡의 단어임베딩 방식은 다음 그림과 같이 두 가지가 있다. 첫째는 연속적인 단어주머니(CBOW: Continuous Bag of Words) 방식이다. 이는 여러 단어의 맥락이 주어진 상태에서 이후에 나올 단어를 예측하는 방식이다. 다음 그림에 나오는 것처럼 예를 들어 "고래 싸움에 새우 등 터진다"라는 문장을 생각해 보자. "고래 싸움에 …. 등 터진다"라는 문장만 주어진다면 문맥을 통해서 '새우'라는 단어를 예측하는 것이다.

스킵그램(Skip-gram) 방식은 CBOW방식과 반대로 특정 단어로부터 주변에 올 수 있는 단어를 예측하는 단어임베딩 방법이다. 즉 '새우'라는 단어로부터 그 주변에 올 수 있는 단어로 '고래', '싸움', '등', '터진다' 등의 단어를 예측하는 방식이다. CBOW가 학습데이터의 양이 적을 때 적합하다면, 스킵그램방식은 학습데이터가 많을 때 적합한 것으로 알려져 있다.

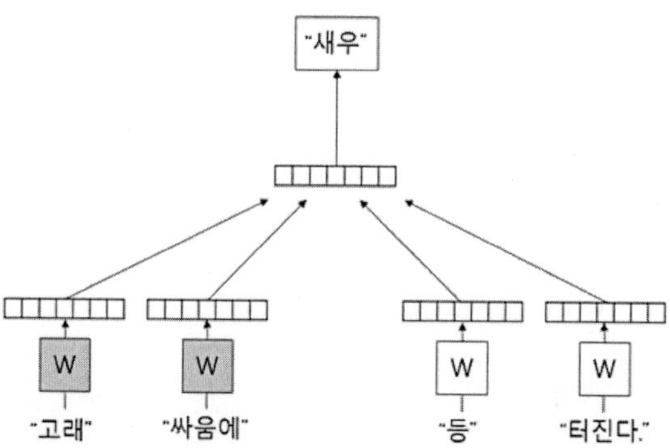

CBOW

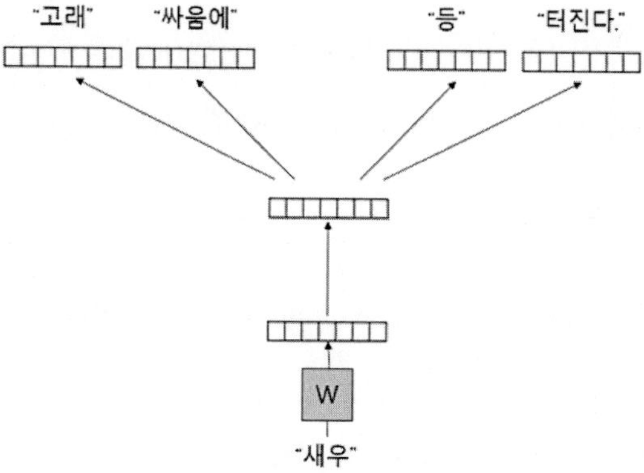

Skip-gram(sg)

이러한 임베딩 방식을 통해서, 원래 살펴보려는 단어와 다른 단어들이 얼마나 유사한가를 분석할 수 있다. 예를 들어 삼성 스마트폰에 관한 블로그 텍스트에서 대표 브랜드인 갤럭시라는 단어 주변에 올 수 있는 단어가 무엇인지를 예측하면서, 갤럭시와 다른 단어들 사이의 유사도를 수치로 나타낼 수 있다. 그 결과 갤럭시 브랜드가 블로그 등 SNS텍스트에서 주로 어떤 맥락에서 쓰이고 있으며, 단어들 사이의 의미관계 및 주제는 무엇인지 추론할 수 있다. 파이썬에서는 gensim 라이브러리를 이용하여 단어 사이의 유사도를 분석하고, 생성된 벡터들 사이의 연산을 통해 표시된 단어 유사도는 t-SNE(t-Stochastic Nearest Neighbor) 알고리즘을 이용하여 시각화한다. t-SNE는 벡터 시각화를 위해 사용되는 알고리즘으로, 고차원 공간에서 유사한 두 백터가 2차원 공간에서도 유사하도록 차원을 축소하여 단어들 간의 유사도를 그림으로 보여준다.

다음은 갤럭시 스마트폰에 관한 네이버 블로그를 텍스트 데이터로 스킵그램방식의 단어임베딩을 수행한 코딩과 그 결과물이다. 앞에서 네이버 블로그를 수집한 텍스트 데이터를 불러오고 자연어 처리하는 것까지 동일하고 이렇게 사전처리된 파일로 작업을 시행한다. 단어를 벡터로 변환하는 알고리즘인 Word2Vec을 생성하고 시각화하기 위해서는 gensim.models의 Word2Vec 라이브러리를 설치한다. 그리고 skip-gram 모델을 이용해 단어를 벡터로 변환하고 t-SNE 알고리즘으로 시각화하기 위해서는 TSNE 라이브러리를 설치한다.

```
[in]
from gensim.models import Word2Vec
from sklearn.manifold import TSNE
from matplotlib import font_manager as fm
from matplotlib import rc
```

단어임베딩을 하기에 앞서 오류를 방지하기 위해, 앞에서 자연어 처리과정에 수행한 명사추출 작업을 다시 한번 반복한다.

[in]

```
galexy_nouns=[]
nouns=[]
for post in galexy_posts:
    if type(post)==str:
        for noun in tagger.nouns(post):
            if noun not in galexy_stop_words:
                nouns.append(noun)
        galexy_nouns.append(nouns)
    else:
        galexy_nouns.append(['nouns'])

galexy_nouns[0:10]
```

[out]

```
[['본격',
  '더블',
  '스마트폰',
  '경쟁',
  '시작',
  '화웨이',
  '메이트'
   ....
```

[in]

```
galexy_word2vec=Word2Vec(galexy_nouns, min_count=1)
galexy_word2vec
```

[out]

```
〈gensim.models.word2vec.Word2Vec at 0x12c032f6e48〉
```

생성된 갤럭시 데이터의 Word2Vec 모델에서 핵심어 “스마트폰”과 가장 유사한 단어를 출력한다.

```
[in]

galexy_word2vec.wv.most_similar(“스마트폰”)

[out]
[(‘갤럭시’, 0.4958356022834778),
 (‘사용’, 0.41800475120544434),
 (‘바탕’, 0.3930278420448303),
 (‘사신’, 0.38901442289352417),
 (‘사진’, 0.3710220456123352),
 (‘파노라마’, 0.35778647661209106),
 (‘삼성’, 0.3561243712902069),
 (‘카메라’, 0.35312071442604065),
 (‘스마트’, 0.3377629518508911),
 (‘강의’, 0.31299829483032227)]
```

Word2Vec을 2차원으로 시각화하기 위해서 n_components가 2인 TSNE를 생성한다.

```
[in]
galexy_tsne=TSNE(n_components=2)
galexy_tsne
```

```
[out]
  TSNE(angle=0.5, early_exaggeration=12.0, init='random', learning_
rate=200.0,
  method='barnes_hut', metric='euclidean', min_grad_norm=1e-07,
  n_components=2, n_iter=1000, n_iter_without_progress=300,
  perplexity=30.0, random_state=None, verbose=0)
```

Word2Vec으로 나온 어휘에서 유사도를 계산한다.

```
[in]
galexy_vocab=galexy_word2vec.wv.vocab
galexy_similarity=galexy_word2vec[galexy_vocab]
galexy_similarity
```

```
[out]
array([[ 5.0994248e+00, 2.1731653e+00, -5.6751924e+00, ....,
        -1.3849889e-01, 1.8339581e+00, 3.3716433e+00],
       [-5.7449455e+00, 4.8740339e+00, 3.9923421e-01, ....,
         9.9572831e-01, 2.2534776e+00, -2.4928080e-02],
       [ 1.1003782e+00, 1.6588768e+00, 2.0522513e+00, ....,
        -7.8664666e-01, -1.5743705e+00, 7.8970832e-01],...
```

벡터의 유사도를 2차원으로 변환하여 DataFrame으로 살펴본다.

```
[in]
galexy_transform_similarity=galexy_tsne.fit_transform(galexy_
similarity)
```

```
galexy_df=pd.DataFrame(galexy_transform_similarity, index=galexy_
vocab, columns=['x', 'y'])
galexy_df[0:10]
```

[out]

	x	y
본격	-10.250098	-49.987553
더블	9.483064	-31.548269
스마트폰	67.020027	47.635506
경쟁	21.087353	-25.076532
시작	-19.499363	36.629677
화웨이	-40.804653	-17.282606
메이트	6.756538	-29.340469
출시	7.399514	-22.959223
스페인	-62.390770	1.728635
바르셀로나	7.352151	-27.966869

Word2Vec 모델에 대해서 TSNE를 통해 2차원으로 시각화하여 나타낸다. annotate(word, pos)로 벡터 위치에 단어를 배치(annotation)하는 형태로 만들고, matplotlib를 이용하여 시각화한다. 이때 필요한 경우, 시각화에 필요한 한글을 먼저 설치한다.

```
[in]
import matplotlib.pyplot as plt
from matplotlib import font_manager as fm
from matplotlib import rc
```

```
font_name='Malgun Gothic'
rc('font', family=font_name)
```

[in]

```
import matplotlib.pyplot as plt
fig=plt.figure()
fig.set_size_inches(20, 20)

ax=fig.add_subplot(1, 1, 1)
ax.scatter(galexy_df['x'], galexy_df['y'])
for word, pos in galexy_df.iterrows():
    ax.annotate(word, pos)
ax.axis("off")
```

[out]

```
(-89.24739554210376, 117.1555605201311, -98.81104084376993, 120.7789210927934)
```

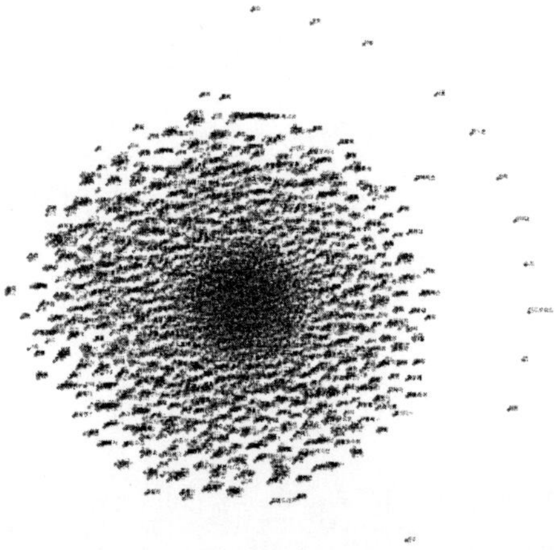

실습용 예제

지속가능성 경영에 관한 텍스트 데이터를 토픽 모델링과 단어임베딩하는 코딩을 해보라.

11.

감정분석

1. 감정분석의 기본개념

감정분석(Sentiment Analysis)은 텍스트에 등장하는 단어 표현 등을 통해 어떤 감정이나 태도 및 의견이 드러나는가를 알아보는 기법이다. 토픽 모델링이 텍스트가 어떤 주제를 다루고 있는가를 추정하는 텍스트 분석기법이라면, 감정분석은 텍스트에 담겨져 있는 의견 혹은 태도를 추정하는 기법으로, 오피니언 마이닝(opinion mining)이라고도 불린다. 토픽 모델링이 텍스트 분석 이후에 토픽이 무엇인지 판단한다면, 감정분석은 텍스트 데이터 분석 이전에 감정이 무엇인지를 결정한다. 다시 말하면 감정분석은 미리 만들어진 감정어휘 사전을 이용하여 텍스트에 분포된 어휘를 분석하여 텍스트에서 드러난 태도 혹은 의견이 무엇인가를 파악하는 것이다.

감정분석은 최근에 소셜미디어의 문자텍스트 및 이미지텍스트 분석 등에도 많이 활용하고 있다. 온라인 영화 리뷰 사이트에서 영화에 대한 한 줄 평이나 쇼핑 사이트의 상품후기, 페이스북이나 트위터 등의 짧은 메시지 등을 광범위하게 수집하여 분석하면서 전체적인 감정이 긍정적인지 혹은 부정적인지를 분석한다. SNS등에서 특정 기업이나 브랜드, 혹은 정치인 및 이슈에 대해 사람들의 반응이 긍정적인지 부정적인지를 실시간으로 파악한다면, 그에 대해서 신속하게 대처할 수 있다.

파이썬으로 감정분석하는 방법은 크게 감정어휘 사전을 바탕으로 하는 것과 지도 기계학습에 의한 방법 두 가지가 있다. 감정어휘 사전(Lexicon)에 기반한 감정분석은 어떤 어휘가 어떤 감정을 나타내는지 미리 분류해 놓은 감정어 사전이 있어야 하며, 분석하고자 하는 텍스트의 단어들을 이 사전에 기반해서 분류하고 그 감정가를 계산하는 방법이다. 지도 기계학습(supervised machine learning)을 이용한 감정분석은 분석하고자 하는 데이터의 일부가 훈련 데이터(training data)로 구축되어 있어서 그로부터 전체 텍스트 데이터의 감정 상태를 분류해 내는 접근법이다. 감정분석에 쓰이는 훈련 데이터에는 인간 코더가 판단한 결과(예를 들어 긍정, 중립, 부정의 감정 라벨링)가 포함되어 있어야 한다. 이러한 훈련 데이터를 바탕으로 서포트 벡터머신(Support Vector Machine), 인공 신경망(Artificial Neural Network), 의사결정 나무(Decision Tree), 나이브 베이즈 분류(Naive Bayes Classification) 등 데이터 마이닝에서 많이 쓰이는 기계학습의 알고리즘을 적용하여 분석하고자 하는 텍스트의 의견이나 감정 태도를 분석한다(서대호, 2019, 백영민, 2017). 따라서 데이터 마이닝과 기계학습에 대한 어느 정도의 사전지식이 요구된다.

최근에는 복잡한 파이썬 코딩작업 없이도 공개 API를 이용해서 간단하게 콘텐츠의 감정상태를 분류하는 클라우딩 서비스가 많이 제공되고 있다. 특히 이러한 분석도구는 문자로 된 텍스트뿐 아니라 사진이나 동영상 같은 시각적 이미지까지 분석할 수 있고, 감정도 단순히 긍정-부정이 아니라 분노, 경멸, 혐오, 두려움, 행복, 무표정, 슬픔 및 놀람 등 세분화된 감정을 분석한다. 이 책에서는 파이썬 코딩 방법 중 감정어휘 사전을 이용하여 문서를 감정분석하는 방법과 공개 API를 이용하여 시각 이미지를 감정분석하는 2가지 접근법에 대해 설명한다.

2. 감정어휘 사전을 이용한 문서 감정분석

텍스트에 나타난 단어를 긍정과 부정으로 분류한 감정어 사전에 의거해서 감성점수를 파악하는 접근법은 감정어 사전이 필수적으로 구비되어야 한다. 감정어 사전에서는 단어의 긍정과 부정을 단순히 −1, 0, +1의 3가지 극성(polarity)만으로 분류하기도 하고, 감성에서 긍정과 부정의 정도를 −5부터 +5까지 좀 더 세밀하게 분류하기도 한다. 더 나아가서 단순히 긍정과 부정이 아니라 좀 더 다양한 범주로 정교하게 세분화하기도 한다. 이러한 감정어 사전을 바탕으로 문서에 담긴 단어들의 감성점수를 더한 값을 통해 문서의 전체적인 감성점수를 파악할 수 있다. 대체로 문서의 전체 감성점수가 0보다 크면 긍정적, 0

이면 중립적, 0보다 작으면 부정적으로 간주한다. 각 언어마다 감정어 사전이 있다. 텍스트 마이닝이 일찍 발달한 영어의 경우에는 아무래도 감정어 사전이 잘 구축되었다. 대표적으로 다음의 사전이 많이 쓰인다.

– Bing Liu Opinion Lexicon: 6,800개 감성단어를 긍정 부정으로만 분류.
https://www.cs.uic.edu/~liub/FBS/sentiment-analysis.html#lexicon

– AFINN: 2,500개의 감성단어를 –5에서 +5까지 분류.
http://www2.imm.dtu.dk/pubdb/views/publication_details.php?id=6010

– EmoLex: 14,000개 단어 포함. 단순히 긍정과 부정으로 분류할 뿐 아니라, 정서(emotion)를 분노(anger), 기대(anticipation), 역겨움(disgust), 두려움(fear), 기쁨(joy), 슬픔(sadness), 놀람(surprise), 믿음(trust)의 8가지로 세분화.
https://saifmohammad.com/WebPages/NRC-Emotion-Lexicon.htm

– SentiWordNet: 파이썬 NLTK에서 사용할 수 있어 간편하며 단어를 긍정, 중립, 부정으로 분류하면서 지속적으로 버전업.
http://sentiwordnet.isti.cnr.it

한글의 감정어 사전은 최근 구축하는 과정에 있는데, 이를테면 손선주, 박미숙, 박지은과 손진훈(2012)은 〈한국어 감정표현 단어의 추출과 범주화〉라는 논문에서 500여 개 감정표현 단어를 범주화하고 각각의 감정강도를 제시했다. 하지만 아직까지 대부분 감정어 분류사전을 이용하려면 개발자로부터 사전에 허락을 받아야 하는 경우가 많다. 한국어 감정사전의 몇 가지 예를 들면 다음과 같다. 이중에서 서울대에서 개발한 KOSAC은 개발자에게 동의를 요청하면 파이썬 KoNLPy 패키지에서 비교적 쉽게 사용할 수 있고, 군산대학교(KNU)에서 개발한 사전은 해당 웹사이트에서 특정 단어의 감정지수를 손쉽게 확인해 볼 수 있다.

- 연세대학교 오픈한글 프로젝트, http://openhangul.com

- KOSAC의 감성사전 http://word.snu.ac.kr/kosac/lexicon.php

- KNU 한국어 감성사전 http://dilab.kunsan.ac.kr/knusl.html

이러한 감정어휘 사전을 바탕으로 텍스트에 나타난 단어들의 감성지수를 계산하여 파악하는 것이 감정분석이다. 예를 들어 다음 세 문서를 보자.

문서 X : 세련된 디자인에 가격도 저렴해서 만족스러워요.
문서 Y : 화려한 색상에 성능도 우수하지만 비싸서 부담스럽네요.
문서 Z : 장난감으로 좋아요

여기에 출현한 단어들 중에서 (명사 등의 체언은 제외하고) 감성을 드러내는 동사, 형용사, 부사 등 용언을 중심으로 각 단어의 감성지수 값을 KNU 감성사전 사이트(http://dilab.kunsan.ac.kr/knu/knu.html)에 의거하여 산출해 보면 다음과 같다.

세련되다: +2
저렴하다: +1
만족스럽다: +2
화려하다: +1
우수하다: +2
비싸다: −2
부담스럽다: −2

문서 X 감성지수=+2(세련되다)+1(저렴하다)+2(만족스럽다)=+5(긍정적)
문서 Y 감성점수=+1(화려하다)+2(우수하다) − 2(비싸다) − 2(부담스럽다)=−1(부정적)

물론 이것은 개념적 이해를 위해 기본 원리를 설명한 것이고 파이썬에서 감정분석을 할 때는 좀 더 복잡한 수식을 사용한다. 또 감정어 사전을 이용한 기계적 분석은 고도의 반어법이나 야유를 식별하지 못할 수도 있다(임동훈, 2015). 문서 Z의 '장난감으로 좋아요'는 단순히 긍정과 부정의 점수로만 계산하면 긍정적인 표현인 것처럼 보인다. 하지만 스마트폰에 대한 사용후기라는 전체적인 맥락을 고려하면 이것은 반어적 표현으로 일종의 야유로 해석된다. 따라서 텍스트 마이닝으로 텍스트에 드러난 태도나 의견 등을 제대로 파악하려면 전체적인 맥락까지 고려한 좀 더 정교한 분석이 요구된다. "푹신한 의자에서 오랜만에 잠을 푹 잘 수 있었어요"라는 문장이 영화에 대한 관람평일 때와 항공사 서비스에 대한 사용후기일 때, 그 함축하는 감정적 태도가 전혀 다르기 때문이다.

다음은 파이썬을 이용하여 감정분석하는 절차 및 그 결과이다. 한국어 감정어휘 사전이 아직 충분히 공개되지 않았기 때문에, 여기서는 영문 텍스트를 감정분석한다. 앞에서 다룬 영문 지속가능성 보고서의 회장 인사말을 수집한 텍스트 데이터를 감정분석한다. 우선 감성 분석을 위해서 긍정적인 감정어 모음인 positive-words.txt와 부정적 감정어 모음인 negative-words.txt를 사용한다.

```
[in]
dic1=open('./dict/positive-words.txt')
dic2=open('./dict/negative-words.txt')
positive_words=[]
negative_words=[]
for line in dic1:
    positive_words.append(line.strip(''))
for line in dic2:
    negative_words.append(line.strip(''))

[in]
positive_words[0:10]

[out]
['a+',
 'abound',
 'abounds',
 'abundance',
 'abundant',
 'accessable',
 'accessible',
 'acclaim',
 'acclaimed',
```

```
 'acclamation']
```

```
[in]
negative_words[0:10]

[out]
[';;;;;;;;;;;;;;;;;;;;;;;;;;;;;;;;;;;;;;;;;;;;;;;;;;;;;;;;;;;;;;',
 ';',
 '2–faced',
 '2–faces',
 'abnormal',
 'abolish',
 'abominable',
 'abominably',
 'abominate',
 'abomination']
```

영문으로 된 지속가능성 보고서 회장 인사말에 대해 감정분석을 수행하기 위해서 해당 데이터를 읽어 들인다.

```
[in]
import pandas as pd
df=pd.read_csv('./data/CEO3.csv', encoding='latin')
df[0:10]

[out]
```

	number	firm	publishing	country	text	...
0	2	Amorepacific	1	Korea	We will use beauty to change the world and bec···	...
1	4	Amorepacific	3	Korea	AMOREPACIFC Group will endeavor to become a gr···	...
2	502	Amorepacific	4	Korea	AMOREPACIFIC Group has been pursuing the path ···	...
3	5	Asiana Airlines	1	Korea	This year marks the 25th anniversary of the es···	...
4	6	Asiana Airlines	2	Korea	Since the inception, Asiana Airlines has pledg···	...
5	7	Asiana Airlines	3	Korea	All of us will do our best without stopping fo.	...
6	503	Asiana Airlines	4	Korea	First of all, I would like to express my heart···	...
7	11	BNK Financial Group Inc.	3	Korea	Since the establishment of Busan Bank in 1967 ···	...
8	504	BNK Financial Group Inc.	4	Korea	In March 2011, BNK Financial Group was launche···	...
9	12	BPA	3	Korea	I am pleased to introduce various sustainable ···	...

10rows×460columns

```
[in]
firm=df.get('firm')
text=df.get('text')

company=firm[0]:text[0]
for i in range(len(firm)):
    if company.get(firm[i]) !=None:
        company[firm[i]]=company.get(firm[i])+""+text[i]
```

```
    else:
        company[firm[i]]=text[i]

company.get('Amorepacific')
```

[out]

'We will use beauty to change the world and become a company that customers love. To our stakeholders, During the past 67 years, AMOREPACIFIC has embarked on a long journey of beauty to provide happiness and pleasure to people all around the world with AMOREPACIFIC is creation of beauty products. We have stood the test of numerous crises resulting from uncertain management conditions to achieve continuous growth by caring about our customers and taking quick actions to seek new opportunities…'
… (후략)

[in]

```
from nltk.corpus import gutenberg
from nltk.tokenize import sent_tokenize
from nltk.tokenize import word_tokenize
```

[in]

```
import nltk
nltk.download('punkt')
tokens=[]
for f, t in company.items():
    token=word_tokenize(t)
    tokens.append([f,token])
```

```
[out]
[nltk_data] Downloading package punkt to
[nltk_data] C:_data…
[nltk_data] Package punkt is already up-to-date!
```

감정분석을 위해 각 토큰마다 긍정에 해당하면 +1, 부정에 해당하면 -1로 계산하고, 전체 단어의 수로 나누어서 각 기업마다 긍정- 부정의 정도를 계산한다.

```
[in]
sentiment_firm=[]

for token in tokens:
    firm=token[0]
    sentiment=0
    count=0

    for t in token[1]:
        if t in positive_words:
            sentiment+=1
            count+=1
        elif t in negative_words:
            sentiment -=1
            count+=1

    sentiment_firm.append([firm,sentiment/count])

sentiment_firm[0:10]
```

```
[out]
[['Amorepacific', 0.8666666666666667],
 ['Asiana Airlines', 0.768595041322314],
 ['BNK Financial Group Inc.', 0.9344262295081968],
 ['BPA', 0.8823529411764706],
 ['BS FINANCIAL GROUP INC', 0.68],
 ['CJ', 0.5555555555555556],
 ['Coway', 0.8125],
 ['Daelim', 0.75],
 ['Daewoo E&C', 0.4533333333333333],
 ['Daum Communications', 0.5652173913043478]]
```

각 기업마다 회장 인사말 텍스트에 대해 감정분석한 결과를 %로 시각화하여 나타낸다.

```
[in]
import numpy as np
import matplotlib.pyplot as plt

a=[]
for firm in sentiment_firm:
    a.append(firm[1]*100)
X=np.arange(len(a))

plt.title("sentiment(%)",fontsize=20)
plt.bar(X,a)
plt.show()
```

[out]

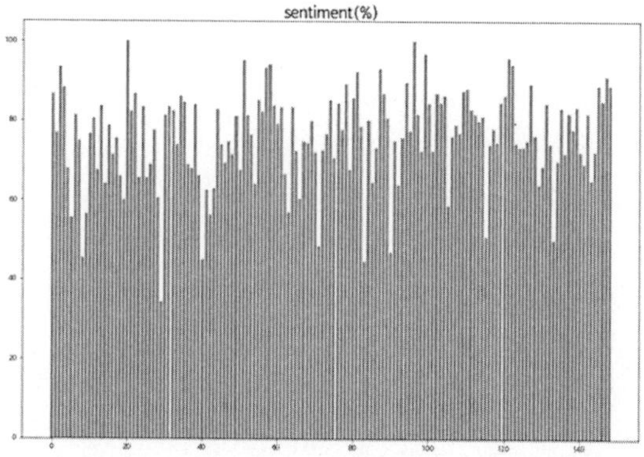

긍정과 부정과 같은 단순한 감정분석보다 좀 더 세분화된 감정에 대해서 분석을 수행한다. 세분화된 감정분석을 위해서는 py_lex 라이브러리를 설치해야 한다.

[in]
```
!pip install py_lex
```

py_lex에 있는 감정어휘집을 사용하여 매우 다양한 세부 감정에 대해서 분석에 활용할 수 있다. 먼저 엑셀 파일로 감정어휘집을 읽어온다. 읽어온 감정 어휘집을 보면 세분화된 감정으로 Positive, Negative, Anger, Anticipation, Disgust, Fear, Joy, Sadness, Surprise, Trust를 가지고 있다.

[in]
```
from py_lex import Liwc, EmoLex
```

```
import pandas as pd
emotion_dic=pd.read_excel('./dict/NRC-Emotion-Lexicon-v0.92-
In105Languages-Nov2017Translations_ENG.xlsx')
emotion_dic[0:10]
```

[out]

	English(en)	Positive	Negative	Anger	Anticipation	Disgust	Fear	…
0	aback	0	0	0	0	0	0	…
1	abacus	0	0	0	0	0	0	…
2	abandon	0	1	0	0	0	1	…
3	abandoned	0	1	1	0	0	1	…
4	abandonment	0	1	1	0	0	1	…
5	abate	0	0	0	0	0	0	…
6	abatement	0	0	0	0	0	0	…
7	abba	1	0	0	0	0	0	…
8	abbot	0	0	0	0	0	0	…
9	abbreviate	0	0	0	0	0	0	…
…	…							

영문으로 된 회장 인사말을 감정분석하기 위해서 영어로 된 감정 사전을 지정한다.

```
[in]
df=emotion_dic.set_index('English (en)')
```

각 토큰에 대해서 감정 사전의 다양한 감정 정보로 세분화하여 계산한다. 즉, 각 기업마다 세분화된 감정의 정도를 계산한 결과를 가지게 된다.

```
[in]
import matplotlib.pyplot as plt
import numpy as np

emotion_firm=[]

for token in tokens:
    firm=token[0]
    sentiment=0
    count=0
    arr=[]
    senti_count=0
    for t in token[1]:
        if t in df.index:
            count+=1
            arr.append(list(df.loc[t]))
            if np.sum(list(df.loc[t]))!=0:
                senti_count+=1
    emotion_firm.append([firm,np.sum(arr,axis=0),senti_count/count])

emotion_firm[0:10]

[out]
[['Amorepacific',
  array([218,  16,   6,  57,   4,  20,  97,   6,  14,  82]),
  0.4088050314465409],
 ['Asiana Airlines',
```

```
 array([147, 14, 9, 49, 5, 15, 41, 4, 17, 89]),
 0.41237113402061853],
...,
['Daewoo E&C',
 array([181, 46, 9, 50, 11, 14, 33, 15, 16, 96]),
 0.48727272727272725],
['Daum Communications',
 array([36, 7, 2, 24, 1, 3, 9, 1, 1, 15]),
 0.4645669291338583]]
 ...
```

시각화하여 나타내기 위해 각 기업마다 계산된 결과를 세분화된 감정으로 분류하여 저장한다.

```
[in]
emotion_result=[]
for firm in emotion_firm:
   emotion_result.append("Firm" : firm[0],
                  "Positive": str("%0.2f"%( firm[1][0]/(firm[1][0]+firm[1]
[1])*100 ))+"%",
                        "Negative" : str("%0.2f"%( firm[1][1]/(firm[1]
[0]+firm[1][1])*100 ))+"%",
                   "Anger" : str("%0.2f"%( firm[1][2]/(firm[1][0]+firm[1]
[1])*100 ))+"%",
                      "Anticipation" : str("%0.2f"%( firm[1][3]/(firm[1]
[0]+firm[1][1])*100 ))+"%",
                  "Disgust" : str("%0.2f"%( firm[1][4]/(firm[1][0]+firm[1]
[1])*100 ))+"%",
                    "Fear" : str("%0.2f"%( firm[1][5]/(firm[1][0]+firm[1]
```

```
[1])*100 ))+"%",
                    "Joy" : str("%0.2f"%( firm[1][6]/(firm[1][0]+firm[1]
[1])*100 ))+"%",
                         "Sadness" : str("%0.2f"%( firm[1][7]/(firm[1]
[0]+firm[1][1])*100 ))+"%",
                         "Surprise" : str("%0.2f"%( firm[1][8]/(firm[1]
[0]+firm[1][1])*100 ))+"%",
                   "Trust" : str("%0.2f"%( firm[1][9]/(firm[1][0]+firm[1]
[1])*100 ))+"%",
                     "Sentiwords / non-sentiwords (%)":str("%0.2f"
%(firm[2]*100))+"%"

                  )
emotion_result[0:10]

[out]
['Firm': 'Amorepacific',
 'Positive': '93.16%',
 'Negative': '6.84%',
 'Anger': '2.56%',
 'Anticipation': '24.36%',
 'Disgust': '1.71%',
 'Fear': '8.55%',
 'Joy': '41.45%',
 'Sadness': '2.56%',
 'Surprise': '5.98%',
 'Trust': '35.04%',
 'Sentiwords / non-sentiwords (%)': '40.88%',
'Firm': 'Asiana Airlines',
```

```
'Positive': '91.30%',
'Negative': '8.70%',
'Anger': '5.59%',
'Anticipation': '30.43%',
'Disgust': '3.11%',
'Fear': '9.32%',
'Joy': '25.47%',
'Sadness': '2.48%',
'Surprise': '10.56%',
'Trust': '55.28%',
'Sentiwords / non-sentiwords (%)': '41.24%',
...
```

세분화하여 감정분석한 결과를 3차원으로 시각화하기 위해서 x, y, z 정보를 정의한다.

```
[in]
y=[]
for firm in emotion_firm:
    y.append(list(firm[1][2:]))
x=['Positive','Negative','Anger','Anticipation','Disgust','Fear','Joy','Sad
ness','Suprise','Trust']
z=[]
for firm in emotion_firm:
    z.append(firm[0])
```

세부 감정대로 나온 결과를 3차원으로 시각화한다.

[in]

```
from mpl_toolkits.mplot3d import Axes3D

fig=plt.figure()
fig.set_size_inches(20, 20, 20)

ax = fig.add_subplot(111,projection='3d')
for firm in emotion_firm:
    xs=np.arange(8)

    ys=firm[1][2:]
    zs=emotion_firm.index(firm)
    ax.bar(xs,ys,zs,zdir='y',alpha=0.8)

plt.show()
```

[out]

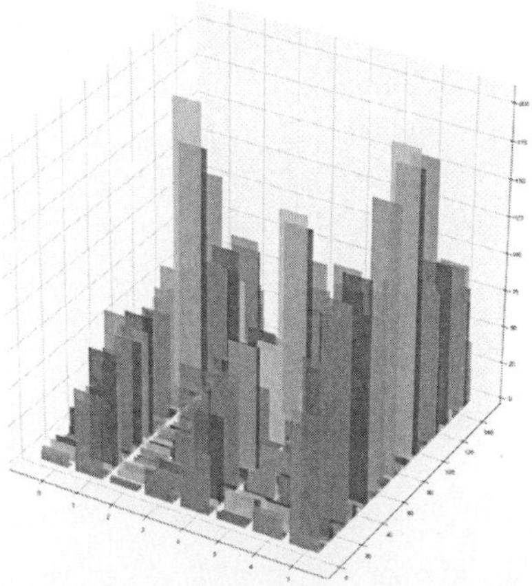

각 기업마다 세분화하여 감정분석한 결과를 2차원 막대 그래프 형태로 시각화하여 나타낸다. 여기서 x는 기업이고, y는 감정에 해당하는 단어들의 수이며, 막대 그래프 내에 세분화된 감정들이 종류별로 시각화되어 있다.

```
[in]
E=[]
plt.rcParams["figure.figsize"]=(20,10)
plt.rcParams["ytick.labelsize"]=20
plt.rcParams["xtick.labelsize"]=20
plt.rcParams["legend.fontsize"]=15

for firm in emotion_firm:
    E.append(firm[1][2:])
a=np.transpose(E)
X=np.arange(len(a[0]))
plt.bar(X,a[0],label='Anger')
plt.bar(X,a[1],bottom=a[0],label='Anticipation')
plt.bar(X,a[2],bottom=sum(a[0:2]),label='Disgust')
plt.bar(X,a[3],bottom=sum(a[0:3]),label='Fear')
plt.bar(X,a[4],bottom=sum(a[0:4]),label='Joy')
plt.bar(X,a[5],bottom=sum(a[0:5]),label='Sadness')
plt.bar(X,a[6],bottom=sum(a[0:6]),label='Suprise')
plt.bar(X,a[7],bottom=sum(a[0:7]),label='Trust')

plt.xlabel="Firm index"
plt.legend()
plt.show()
```

[out]

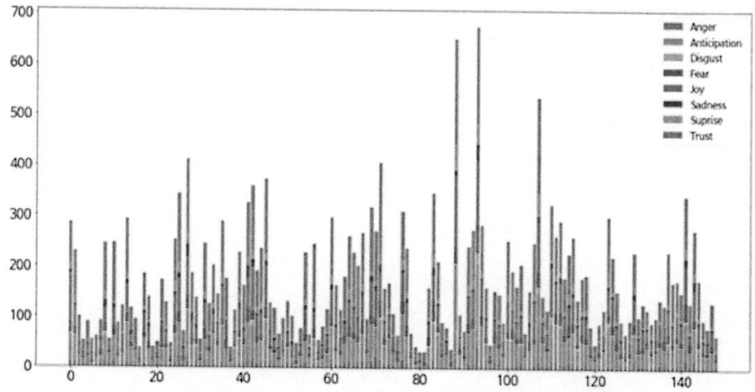
Anger
Anticipation
Disgust
Fear
Joy
Sadness
Suprise
Trust

3. 공개 API를 활용한 이미지 감정분석

최근에는 문자 텍스트뿐 아니라 사진이나 동영상 등의 이미지 텍스트를 감정분석하는 경우도 많다. 특히 파이썬을 이용하여 코딩할 뿐 아니라 공개 API를 활용하여 이미지 텍스트를 분석하는 클라우드 서비스가 늘어나고 있어서 손쉽게 이미지텍스트를 감정분석할 수 있다. 예를 들어 마이크로소프트의 애저(Microsoft Azure)도 코그니티브 서비스(Cognitive Service)라는 이름으로 문자 및 이미지 텍스트에 대한 분석 서비스를 제공하고 있다. 이러한 공개 API를 이용한 클라우드서비스는 유료이지만 무료 체험판 등을 통해서 어느 정도의 이미지 텍스트에 대한 감정분석을 해볼 수 있다. 다음 그림에서와 같이 emotion API에서 이미지를 제출하면 그러한 얼굴 이미지에서 감지되는 감정을 단순히 긍정적 감정과 부정적 감정으로만 분석하는 것이 아니라 분노, 경멸, 혐오, 두려움, 행복, 무표정, 슬픔 및 놀람 등의 좀 더 세분화된 감정으로 분석해준다.

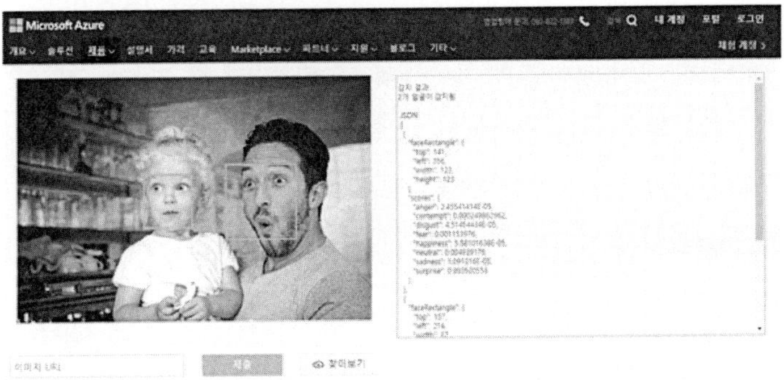

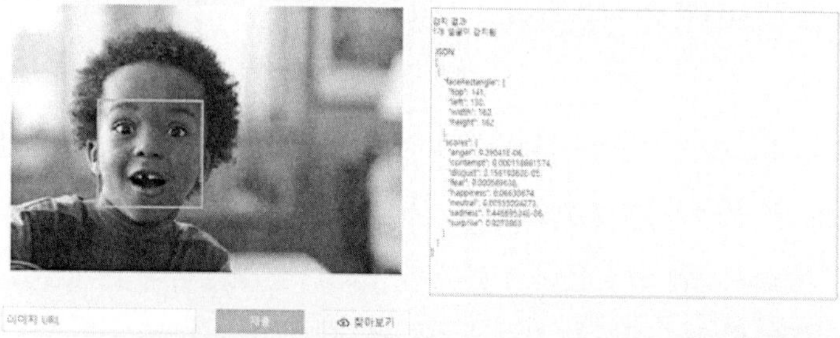

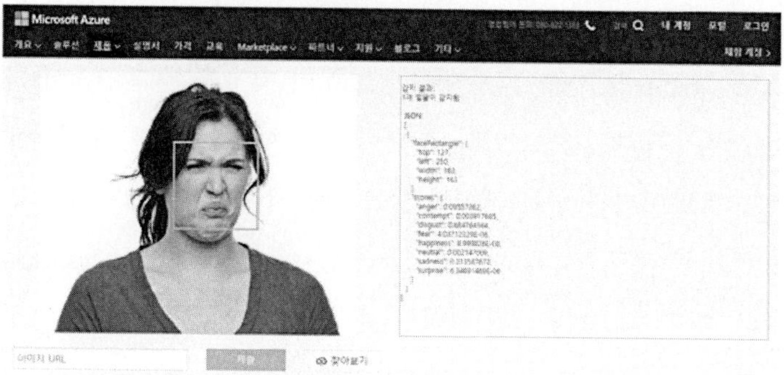

이러한 공개 API는 이미지 분석 연구에 많이 활용되기 시작했는데, 김윤환과 김장현(Kim & Kim, 2018)의 연구는 텍스트 마이닝의 이미지 감정분석이 다른 주제와 어떻게 연계되어 활용될 수 있는가를 잘 보여준다. 이 연구에서는 인스타그램 사용자의 특성(빅5 성격특성, 성별)과 사진 특성(얼굴 감정) 간 관계를 알아보고자 인스타그램 사용자 179명의 계정에 게시된 25,394장의 사진을 수집하였다. 수집된 사진들은 Microsoft Azure Cognitive Service(MACS)의 Computer vision API를 사용하여 15가지 내용 범주로 분류하였고, 각 범주의 사진이 전체 게시물에서 차지하는 비중, 그리고 사진의 내용이 특정한 범주에 초점을 맞추고 있는지를 확인하였다. 그리고 MACS의 emotion API

를 사용하여 얼굴을 탐지하고 이미지 감정분석을 통해 8가지 감정(anger, contempt, disgust, fear, happiness, neutral, sadness, surprise)에 대한 상대적 강도, 사진의 얼굴 개수 평균 등을 계산하여 얼굴 및 감정특성을 분석했다. 그리고 이러한 감정분석 결과와 5가지 성격특성(외향성, 우호성, 성실성, 신경증, 개방성) 및 성별과의 상관관계를 분석했다.

12. 마무리

4차산업 혁명의 시대에 텍스트 마이닝은 산업적으로나 학문적으로 갈수록 중요해지고 있다. 이것은 텍스트 데이터를 포함한 빅데이터 시장의 급속한 성장을 통해서 간접적으로 입증할 수 있다. 빅데이터 시장은 빅데이터 관련 하드웨어, 데이터관리/분석/애플리케이션 소프트웨어, 그리고 서비스의 3개 영역으로 구성된다. 빅데이터와 관련하여 세계시장 규모는 2015년 169억 달러에서 2019년 420억 달러에 이르면서 5년 만에 3배 가까이 성장했고, 국내시장도 역시 2015년 2,770억 원에서 2019년 7,867억 원으로 비슷한 속도로 성장했다. 향후에도 국내는 물론 세계 빅데이터 시장 규모는 연평균 25% 수준으로 고성장을 계속할 것으로 전망한다(김상국, 2016).

텍스트 마이닝에 대한 관심과 산업규모가 증가하는 한편, 텍스트 마이닝 분석도구인 파이썬에 대한 관심 또한 늘어가고 있다. 파이썬의 인기는 앞에서 소개한 스택 오버플로(Stack Overflow)의 분석결과 외에도 여러 가지로 확인된다. 이를테면, 마이크로소프트가 2018년 27억 달러로 인수하여 화제가 된 GitHub에 따르면 2018년 가장 인기 있는 10가지 프로그래밍 언어 중 Top 3는 자바(Java), 자바스크립트(Javascript), 파이썬(Python)이다(Chan, 2019. 1. 22). 2019년에도 파이썬은 가장 인기 있는 10대 프로그래밍 언어 중 하나로 선정되었고, 특히 지난 15년간 꾸준히 성장하고 있는 프로그래밍 언어로 주목받고 있다(Priyadarshini, 2019, 4. 12). 따라서 빅데이터의 70% 이상을 차지하는 텍스트 데이터를 체계적으로 분석하는 텍스트 마이닝, 그중에서도 최근 가장 각광받는 프로그래밍 언어인 파이썬으로 하는 텍스트 마이닝은 4차산업 혁명 시대 데이터 리터러시의 필수 지식이라 할 만하다.

마지막으로 파이썬의 선(zen of python)을 소개하며 이 책을 마무리하겠다. 파이썬의 선은 파이썬 프로그래밍 언어의 디자인에 영향을 미치는 컴퓨터 프로그램을 작성할 때 참조해야 할 지침으로 많이 인용되는 일종의 선시(禪詩)이다(https://www.python.org/dev/peps/pep-0020). 소프트웨어 엔지니어인 팀 피터스(Tim Peters)가 1992년에 선시 형식으로 발표한 19개의 지침(guiding principle)이다. 20번째 지침은 파이썬 창시자인 귀도 반 로섬(Guido Van Rossum)이 작성하기를 원해서 "귀도가 채우기 위해(for Guido to fill in)" 남겨두었으나 아직까지 채워지지 않고 있다. 파이썬으로 코딩할 때 참고하기 바란다.

아름다움이 추함보다 좋다.
명시적인 것이 암시적인 것보다 좋다.
단순함이 복잡함보다 좋다.
복잡함이 복합적인 것보다 좋다.
평면적인 것이 계층화된 것보다 좋다.
여유로운 것이 빽빽한 것보다 좋다.
가독성은 중요하다.
특별한 경우라는 것은 규칙을 어겨야 할 정도로 특별한 것이 아니다.
실용성이 순수함보다 우선한다 해도.
오류를 그냥 조용히 지나쳐서는 안 된다.
명시적으로 오류를 감추려는 의도가 아니라면.
애매한 경우에 어림짐작으로 넘기려는 유혹을 버려라.
어떤 일에든 한 가지 명확한 – 이왕이면 유일한 – 방법이 존재한다.
비록 그대가 우둔하여 그 방법이 처음에는 명확해 보이지 않을지라도.
지금 하는 게 아예 안 하는 것보다 낫다.
아예 안 하는 것이 지금 *당장*보다 나을 때도 있지만.
구현 결과를 설명하기 어렵다면, 그것은 나쁜 아이디어이다.
구현 결과를 설명하기 쉽다면, 그것은 좋은 아이디어일 수 있다.
이름공간은 정말 좋은 아이디어다 — 자주 사용하자.

Beautiful is better than ugly.
Explicit is better than implicit.
Simple is better than complex.
Complex is better than complicated.
Flat is better than nested.
Sparse is better than dense.
Readability counts.
Special cases aren't special enough to break the rules.
Although practicality beats purity.

Errors should never pass silently.

Unless explicitly silenced.

In the face of ambiguity, refuse the temptation to guess.

There should be one – and preferably only one – obvious way to do it.

Although that way may not be obvious at first unless you're Dutch.

Now is better than never.

Although never is often better than *right* now.

If the implementation is hard to explain, it's a bad idea.

If the implementation is easy to explain, it may be a good idea.

Namespaces are one honking great idea – let's do more of those!

참고문헌

김상국 (2016), 빅데이터 분석도구 시장 전망: 빅데이터 분석도구 시장은 재편 중, 「KISTI 마켓 리포터 2016-44」, 1-4.

김서연 (2017. 6. 21), 차세대금융! 금융분야 빅데이터 활용사례18.「인사이드 리포트」, URL: https://www.samsungsds.com/global/ko/support/insights/1196790_2284.html

김용학 (2003), 「사회 연결망 분석」, 서울: 박영사

김주현 (2016), 「파이썬의 신: 프로그래밍 언어를 배운다는 것」, 서울: 로드북.

김진 최정아 (2018), 「디지털 마케팅 개론: 4차산업혁명 시대의 마케팅 가이드」, 서울: 마소캠퍼스.

문혜정 (2018), 조선왕조실록의 빅데이터분석을 통한 유교정치 연구, 「한국콘텐츠학회논문지」, 18(7), 253-261.

박정태 (2018), 「파이썬으로 배우는 웹 크롤러」, 서울: 정보문화사.

박진균 김택윤 송민 (2017), 텍스트 마이닝을 이용한 윤동주 연구의 개체계량학적 분석, 「한국 비블리아학회지」, 28(1), 191-207.

백영민 (2017), 「R를 이용한 텍스트 마이닝」, 서울: 한울

빅인사이트 (2019. 3. 19), 디지털 마케팅 시대에서 마케터의 역할과 역량, 「MOBI INSIDE」 URL: https://www.mobiinside.com/kr/2019/03/14/big-marketing

서대호 (2019), 「잡아라! 텍스트 마이닝 with 파이썬」, 서울: 비제이퍼블릭.

손선주 박미숙 박지은 손진훈 (2012), 한국어 감정표현 단어의 추출과 범주화, 「감성과학」, 15(1), 105-120.

송민 (2017), 「텍스트 마이닝」, 서울: 청람.

유예림 (2017), 「빅데이터 분석 기법을 활용한 2015 개정 교육과정 정책에 대한 언론보도 분석」, 서울대 대학원 박사학위 논문

이원하 (2017), 「파이썬을 이용한 빅데이터 수집 분석과 시각화: 페이스북, 트위터, 네이버, 공공, 일반 웹데이터 기반」, 서울: 비팬북스

임동훈 (2015), 「R을 이용한 빅데이터 분석」, 서울: 자유아카데미.

임유경 (2017. 9. 13), 프로그래밍 언어 '파이썬' 인기 폭발…왜?, 「ZD Net Korea」, http://www.zdnet.co.kr/news/news_view.asp?artice_id=20170913005946&lo=zv41

최현철. (2017), 빅데이터 환경과 인문학적 플랫폼, 「문화와융합」, 39(5), 177-202.

황현석 용혜련 강하나 (2018), 「데이터 사이언스」, 서울: BK21플러스 인터렉션 디자인 전문인재 양성사업단.

Bengfort, B., Bilbro, R., & Odeja, T. (2018), *Applied text analysis with python: Enabling language-aware data products with machine learning. Sebastopol*, CA: O'Reilly Media

Blei, D. M., Ng, A. Y., & Jordan, M. I. (2003), Latent dirichlet allocation, *Journal of Machine Learning Research*, 3(Jan), 993-1022.

Boschetti, A. & Massaron, L. (2016), *Python data science essentials: Become an efficient data science practitioner by understanding Python's key concepts* (2nd ed.), 이판호 (역) (2018), 「파이썬으로 배우는 데이터 과학」, 서울: 에이콘.

Burton, M. (2013) The joy of topic modeling. URL: http://mcburton.net/blog/joy-of-tm

Chan, R. (2019, 1. 22), The 10 most popular programming languages, according to the 'Facebook for programmers', *Business Insider*. https://www.businessinsider.com/

the-10-most-popular-programming-languages-according-to-github-2018-10

Chang, J., Gerrish, S., Wang, C., Boyd-Graber, J. L., & Blei, D. M, (2009), Reading tea leaves: How humans interpret topic models, *Advances in Neural Information Processing Systems 22*, 1-9.

Chen, C. & Chang, C. (2019), A Chinese ancient book digital humanities research platform to support digital humanities research, *The Electronic Library*, 37(2), 314-336. https://doi.org/10.1108/EL-10-2018-0213

Detamore, B. (22012. 6. 22), How Does Big Data Make the World Go Round? *IBM Big Data & Analytics Hub*. https://www.ibmbigdatahub.com/blog/how-does-big-data-make-world-go-round

Grus, J. (2015), *Data science from scratch*, 박은정, 김한결 하성주 (역) (2016). 「밑바닥부터 시작하는 데이터 과학」, 서울: 인사이트.

Kenji, N. (2016), *Kagaku gijyutsu keisan no tame no python nyumon*, 심효섭 (역) (2017), 「엔지니어를 위한 파이썬」, 서울: 제이펍.

Kim, Y. & Kim, J. H. (2018), Using computer vision techniques on instagram to link uses; personalities and genders to the features of their photos: An exploratory study. *Information Processing & Management*, 54(6), 1101-1114.

Laney, D. (2001, 2. 6). 3-D data management: Controlling data volume, velocity and variety *Application Delivery Strategies*, URL: http://blogs.gartner.com/doug-laney/files/2012/01/ad949-3D-Data-Management-Controlling-Data-Volume-Velocity-and-Variety.pdf

Mitchell, R. (2015), *Web scraping with python: Collecting more data from the modern web*. 한선용 (역) (2016), 「파이썬으로 웹 크롤러 만들기」, 서울: 한빛미디어.

Priyadarshini, M. (2019, 4. 12), 10 most popular programming languages in 2019: Learn to code. *Fossbytes*. https://fossbytes.com/most-popular-programming-languages

Robinson, D. (2017. 9. 6) The incredible growth of python. *Stack Overflow Blog*. https://stackoverflow.blog/2017/09/06/incredible-growth-python

Sarkar, D. (2016), *Text analytics with python: A practical real-world approach to gaining actionable insights from your data*. New York, NY: Apress.

Sasaki, T. (2016), *data wo atsumeru gijutsu*. 김경록 (역) (2017), 「웹 데이터 수집의 기술」, 서울: 한빛미디어.

Silge, J. & Robinson, D. (2017), *Text mining with R*. 박진수 (역) (2019), 「R로 배우는 텍스트 마이닝」, 서울: 제이펍.